大足石刻全集

第十卷
大足石刻历史图版

大足石刻研究院 编

黎方银 主编

DAZU SHIKE
QUANJI

THE DAZU ROCK CARVINGS

Vol. X

EARLY PHOTOGRAPHS OF THE DAZU ROCK CARVINGS

EDITED BY
ACADEMY OF DAZU ROCK CARVINGS

EDITOR IN CHIEF
LI FANGYIN

总 策 划　郭　宜　黎方银

《大足石刻全集》学术委员会

主　　任　丁明夷
委　　员　丁明夷　马世长　王川平　宁　强　孙　华　杨　泓　李志荣　李崇峰
　　　　　李裕群　李静杰　陈明光　陈悦新　杭　侃　姚崇新　郭相颖　雷玉华
　　　　　霍　巍（以姓氏笔画为序）

《大足石刻全集》编辑委员会

主　　任　王怀龙　黎方银
副 主 任　郭　宜　谢晓鹏　刘贤高　郑文武
委　　员　王怀龙　毛世福　邓启兵　刘贤高　米德昉　李小强　周　颖　郑文武
　　　　　郭　宜　黄能迁　谢晓鹏　黎方银（以姓氏笔画为序）
主　　编　黎方银
副 主 编　刘贤高　邓启兵　黄能迁　谢晓鹏　郑文武

《大足石刻全集》第十卷编纂工作团队

本卷主编　李小强　黎方银
资料收集　李小强　刘贤高
英文翻译　姚淇琳
英文审定　Tom Suchan　唐仲明

《大足石刻全集》第十卷编辑工作团队

工作统筹　郭　宜　郑文武
三　　审　张　跃　吴越剑　邓士伏　郭　宜
编　　辑　张　跃　吴越剑
印前审读　曾祥志
图片制作　郑文武　郭　宜　王　远
装帧设计　胡靳一　郑文武
排　　版　冉　潇　黄　淦
校　　色　宋晓东　郑文武
校　　对　唐联文　刘　真　廖应碧　刘　艳　朱彦谚

总目录

第一卷　　　北山佛湾石窟第1—100号考古报告

第二卷　　　北山佛湾石窟第101—192号考古报告

第三卷　　　北山佛湾石窟第193—290号考古报告

第四卷　　　北山多宝塔考古报告

第五卷　　　石篆山、石门山、南山石窟考古报告

第六卷　　　宝顶山大佛湾石窟第1—14号考古报告

第七卷　　　宝顶山大佛湾石窟第15—32号考古报告

第八卷　　　宝顶山小佛湾及周边石窟考古报告

第九卷　　　大足石刻专论

第十卷　　　大足石刻历史图版

第十一卷　　附录及索引

GENERAL CATALOGUE

Vol. I　　　　　FOWAN (NOS. 1–100), BEISHAN

Vol. II　　　　　FOWAN (NOS. 101–192), BEISHAN

Vol. III　　　　　FOWAN (NOS. 193–290), BEISHAN

Vol. IV　　　　　DUOBAO PAGODA, BEISHAN

Vol. V　　　　　SHIZHUANSHAN, SHIMENSHAN AND NANSHAN

Vol. VI　　　　　DAFOWAN (NOS. 1–14), BAODINGSHAN

Vol. VII　　　　　DAFOWAN (NOS. 15–32), BAODINGSHAN

Vol. VIII　　　　　XIAOFOWAN AND SURROUNDING CARVINGS, BAODINGSHAN

Vol. IX　　　　　COLLECTED RESEARCH PAPERS ON THE DAZU ROCK CARVINGS

Vol. X　　　　　EARLY PHOTOGRAPHS OF THE DAZU ROCK CARVINGS

Vol. XI　　　　　APPENDIX AND INDEX

目 录

编辑出版说明		1
图版 1	北山佛湾南区第 49—55 号	3
图版 2	北山佛湾北区第 128—136 号	4
图版 3	北山佛湾北区第 176—184 号	5
图版 4	北山佛湾北区第 269—281 号	6
图版 5	北山佛湾北区局部	7
图版 6	北山佛湾北区局部	8
图版 7	北山佛湾石窟外景	8
图版 8	北山佛湾北区局部	9
图版 9	北山佛湾第 1 号韦君靖龛	9
图版 10	北山佛湾第 1 号韦君靖龛	10
图版 11	北山佛湾第 3 号毗沙门天王龛	10
图版 12	北山佛湾第 5 号毗沙门天王龛	11
图版 13	北山佛湾第 5 号毗沙门天王龛左壁造像	12
图版 14	北山佛湾第 5 号毗沙门天王龛左壁造像	13
图版 15	北山佛湾第 5 号毗沙门天王龛	14
图版 16	北山佛湾第 5 号毗沙门天王龛左壁造像	14
图版 17	北山佛湾第 5 号毗沙门天王龛左壁造像	14
图版 18	北山佛湾第 9 号千手观音龛	15
图版 19	北山佛湾第 9 号千手观音龛	16
图版 20	北山佛湾第 9 号千手观音龛右侧壁	17
图版 21	北山佛湾第 10 号释迦牟尼佛龛观音	18
图版 22	北山佛湾第 12 号释迦牟尼佛龛	19
图版 23	北山佛湾第 24 号日月光菩萨龛	20
图版 24	北山佛湾第 24 号日月光菩萨龛	21
图版 25	北山佛湾第 26 号救苦观音龛	22
图版 26	北山佛湾第 27 号观音龛	23
图版 27	北山佛湾第 32 号菩萨残像龛	24
图版 28	北山佛湾第 35 号龛左胁侍菩萨	25
图版 29	北山佛湾第 36 号十六罗汉龛释迦牟尼佛	26
图版 30	北山佛湾第 47 号不动明王龛	27
图版 31	北山佛湾第 51 号三世佛龛	28
图版 32	北山佛湾第 51 号三世佛龛力士	29
图版 33	北山佛湾第 52 号阿弥陀佛观音地藏龛	30
图版 34	北山佛湾第 52 号阿弥陀佛观音地藏龛局部	31
图版 35	北山佛湾第 52 号阿弥陀佛观音地藏龛	32
图版 36	北山佛湾第 52 号阿弥陀佛观音地藏龛右飞天	33
图版 37	北山佛湾第 52 号阿弥陀佛观音地藏龛左飞天	34
图版 38	北山佛湾第 53 号阿弥陀佛观音地藏龛	35
图版 39	北山佛湾第 53 号阿弥陀佛观音地藏龛右飞天	35
图版 40	北山佛湾第 53 号阿弥陀佛观音地藏龛左飞天	36
图版 41	北山佛湾第 53 号阿弥陀佛观音地藏龛左飞天	36
图版 42	北山佛湾第 58 号观音地藏龛	37
图版 43	北山佛湾第 58 号观音地藏龛局部	37
图版 44	北山佛湾第 84 号观音龛	38
图版 45	北山佛湾第 84 号观音龛	39
图版 46	北山佛湾第 100 号舍利塔	40
图版 47	北山佛湾第 106 号华严三圣龛右壁飞天	41
图版 48	北山佛湾第 107 号药师七佛变相局部	42
图版 49	北山佛湾第 113 号水月观音龛	42
图版 50	北山佛湾第 113 号水月观音龛	43
图版 51	北山佛湾第 113 号水月观音龛	43
图版 52	北山佛湾第 113 号水月观音龛供养人	44
图版 53	北山佛湾第 118 号玉印观音龛	45
图版 54	北山佛湾第 118 号玉印观音龛观音	45
图版 55	北山佛湾第 118 号玉印观音龛观音	46
图版 56	北山佛湾第 119 号不空羂索观音龛	46
图版 57	北山佛湾第 121 号观音地藏龛右壁上部造像	47
图版 58	北山佛湾第 122 号诃利帝母龛	47
图版 59	北山佛湾第 122 号诃利帝母龛	48
图版 60	北山佛湾第 122 号诃利帝母龛左壁造像	49
图版 61	北山佛湾第 122 号诃利帝母龛左壁造像	49
图版 62	北山佛湾第 125 号数珠手观音龛	50
图版 63	北山佛湾第 125 号数珠手观音龛	50
图版 64	北山佛湾第 125 号数珠手观音龛	51
图版 65	北山佛湾第 125 号数珠手观音头像	51
图版 66	北山佛湾第 125 号数珠手观音龛	52
图版 67	北山佛湾第 130 号摩利支天龛	53
图版 68	北山佛湾第 130 号摩利支天龛	54
图版 69	北山佛湾第 130 号摩利支天龛	55
图版 70	北山佛湾第 130 号摩利支天龛	55
图版 71	北山佛湾第 132 号宝珠观音龛	56
图版 72	北山佛湾第 132 号宝珠观音龛	56
图版 73	北山佛湾第 133 号水月观音窟	57
图版 74	北山佛湾第 133 号水月观音窟善财	58
图版 75	北山佛湾第 133 号水月观音窟善财	58
图版 76	北山佛湾第 133 号水月观音窟龙女	59
图版 77	北山佛湾第 133 号水月观音窟左侧壁	60
图版 78	北山佛湾第 133 号水月观音窟右侧壁	61
图版 79	北山佛湾第 136 号转轮经藏窟	62

图版 80	北山佛湾第 136 号转轮经藏窟	63
图版 81	北山佛湾第 136 号转轮经藏窟正壁造像	64
图版 82	北山佛湾第 136 号转轮经藏窟净瓶观音	65
图版 83	北山佛湾第 136 号转轮经藏窟净瓶观音	65
图版 84	北山佛湾第 136 号转轮经藏窟净瓶观音	66
图版 85	北山佛湾第 136 号转轮经藏窟莲花手观音	67
图版 86	北山佛湾第 136 号转轮经藏窟文殊菩萨	68
图版 87	北山佛湾第 136 号转轮经藏窟文殊菩萨	69
图版 88	北山佛湾第 136 号转轮经藏窟文殊菩萨	70
图版 89	北山佛湾第 136 号转轮经藏窟文殊菩萨	71
图版 90	北山佛湾第 136 号转轮经藏窟文殊菩萨	72
图版 91	北山佛湾第 136 号转轮经藏窟文殊菩萨	72
图版 92	北山佛湾第 136 号转轮经藏窟文殊菩萨童子	72
图版 93	北山佛湾第 136 号转轮经藏窟玉印观音	73
图版 94	北山佛湾第 136 号转轮经藏窟玉印观音	74
图版 95	北山佛湾第 136 号转轮经藏窟玉印观音头像	74
图版 96	北山佛湾第 136 号转轮经藏窟玉印观音	75
图版 97	北山佛湾第 136 号转轮经藏窟玉印观音侍者	76
图版 98	北山佛湾第 136 号转轮经藏窟如意珠观音	77
图版 99	北山佛湾第 136 号转轮经藏窟如意珠观音	78
图版 100	北山佛湾第 136 号转轮经藏窟如意珠观音	78
图版 101	北山佛湾第 136 号转轮经藏窟力士	79
图版 102	北山佛湾第 136 号转轮经藏窟力士	79
图版 103	北山佛湾第 136 号转轮经藏窟普贤菩萨	80
图版 104	北山佛湾第 136 号转轮经藏窟普贤菩萨	80
图版 105	北山佛湾第 136 号转轮经藏窟普贤菩萨	81
图版 106	北山佛湾第 136 号转轮经藏窟普贤菩萨	82
图版 107	北山佛湾第 136 号转轮经藏窟普贤菩萨头像	83
图版 108	北山佛湾第 136 号转轮经藏窟日月观音	84
图版 109	北山佛湾第 136 号转轮经藏窟日月观音	85
图版 110	北山佛湾第 136 号转轮经藏窟日月观音局部	85
图版 111	北山佛湾第 136 号转轮经藏窟日月观音侍者	86
图版 112	北山佛湾第 136 号转轮经藏窟日月观音侍者	87
图版 113	北山佛湾第 136 号转轮经藏窟日月观音侍者头像	87
图版 114	北山佛湾第 136 号转轮经藏窟右壁造像局部	88
图版 115	北山佛湾第 136 号转轮经藏窟数珠手观音	89
图版 116	北山佛湾第 136 号转轮经藏窟数珠手观音	89
图版 117	北山佛湾第 136 号转轮经藏窟数珠手观音	90
图版 118	北山佛湾第 136 号转轮经藏窟数珠手观音像局部	90
图版 119	北山佛湾第 136 号转轮经藏窟力士	91
图版 120	北山佛湾第 136 号窟转轮经藏	92
图版 121	北山佛湾第 136 号窟转轮经藏局部	93
图版 122	北山佛湾第 136 号窟转轮经藏蟠龙	93
图版 123	北山佛湾第 137 号维摩诘经变相	94
图版 124	北山佛湾第 155 号孔雀明王窟	95
图版 125	北山佛湾第 155 号孔雀明王窟局部	96
图版 126	北山佛湾第 155 号孔雀明王窟局部	96
图版 127	北山佛湾第 168 号五百罗汉窟局部	97
图版 128	北山佛湾第 168 号五百罗汉窟局部	97
图版 129	北山佛湾第 169 号金轮炽盛光佛龛	98
图版 130	北山佛湾第 169 号金轮炽盛光佛龛局部	98
图版 131	北山佛湾第 176 号弥勒下生经变相	99
图版 132	北山佛湾第 176 号弥勒下生经变相局部	100
图版 133	北山佛湾第 176 号弥勒下生经变相局部	100
图版 134	北山佛湾第 176 号弥勒下生经变相	100
图版 135	北山佛湾第 176 号弥勒下生经变相	101
图版 136	北山佛湾第 176 号弥勒下生经变相右壁	101
图版 137	北山佛湾第 176 号弥勒下生经变相右壁局部	102
图版 138	北山佛湾第 176 号弥勒下生经变相右壁局部	102
图版 139	北山佛湾第 176 号弥勒下生经变相右壁局部	103
图版 140	北山佛湾第 176 号弥勒下生经变相右壁局部	103
图版 141	北山佛湾第 176 号弥勒下生经变相右壁局部	104
图版 142	北山佛湾第 176 号弥勒下生经变相左壁局部	104
图版 143	北山佛湾第 176 号弥勒下生经变相供养人	105
图版 144	北山佛湾第 177 号泗州大圣窟正壁	105
图版 145	北山佛湾第 177 号泗州大圣窟正壁	106
图版 146	北山佛湾第 177 号泗州大圣窟志公像	107
图版 147	北山佛湾第 177 号泗州大圣窟左壁	108
图版 148	北山佛湾第 177 号泗州大圣窟志公头像	108
图版 149	北山佛湾第 177 号泗州大圣窟圣僧像	109
图版 150	北山佛湾第 180 号十三观音变相	109
图版 151	1945 年大足石刻考察团在北山佛湾第 180 号十三观音变相前合影	110
图版 152	北山佛湾第 180 号十三观音变相正壁	111
图版 153	北山佛湾第 180 号十三观音变相正壁	112
图版 154	北山佛湾第 180 号十三观音变相左壁局部	113
图版 155	北山佛湾第 180 号十三观音变相左壁局部	113
图版 156	北山佛湾第 180 号十三观音变相左壁局部	114
图版 157	北山佛湾第 180 号十三观音变相左壁	115
图版 158	北山佛湾第 180 号十三观音变相左壁局部	116
图版 159	北山佛湾第 180 号十三观音变相左壁局部	116
图版 160	北山佛湾第 180 号十三观音变相右壁	117
图版 161	北山佛湾第 180 号十三观音变相右壁局部	118
图版 162	北山佛湾第 180 号十三观音变相观音头像	119
图版 163	北山佛湾第 180 号十三观音变相观音头像	119
图版 164	北山佛湾第 180 号十三观音变相观音头像	120
图版 165	北山佛湾第 180 号十三观音变相观音头像	120
图版 166	北山佛湾第 187 号观音地藏龛右侧壁胁侍菩萨	121

图版 167	北山佛湾第 213 号观音龛 …………………………… 122
图版 168	北山佛湾第 220 号十六罗汉龛局部 ………………… 122
图版 169	北山佛湾第 224 号观音龛 …………………………… 123
图版 170	北山佛湾第 225 号净瓶观音龛 ……………………… 124
图版 171	北山佛湾第 231 号药师佛龛 ………………………… 125
图版 172	北山佛湾第 240 号欢喜王菩萨龛局部 ……………… 125
图版 173	北山佛湾第 240 号欢喜王菩萨龛局部 ……………… 126
图版 174	北山佛湾第 243 号千手观音龛 ……………………… 127
图版 175	北山佛湾第 245 号观无量寿佛经变相 ……………… 128
图版 176	北山佛湾第 245 号观无量寿佛经变相上部 ………… 129
图版 177	北山佛湾第 245 号观无量寿佛经变相正壁中上部 … 129
图版 178	北山佛湾第 245 号观无量寿佛经变相中上部局部 … 130
图版 179	北山佛湾第 245 号观无量寿佛经变相阿弥陀佛 …… 130
图版 180	北山佛湾第 245 号观无量寿佛经变相正壁上部 …… 131
图版 181	北山佛湾第 245 号观无量寿佛经变相正壁下部 …… 132
图版 182	北山佛湾第 245 号观无量寿佛经变相正壁上部 …… 133
图版 183	北山佛湾第 245 号观无量寿佛经变相正壁上部 …… 134
图版 184	北山佛湾第 245 号观无量寿佛经变相上部局部 …… 135
图版 185	北山佛湾第 245 号观无量寿佛经变相右侧壁上部 … 136
图版 186	北山佛湾第 245 号观无量寿佛经变相右侧壁上部 … 137
图版 187	北山佛湾第 245 号观无量寿佛经变相右侧壁上部 … 138
图版 188	北山佛湾第 245 号观无量寿佛经变相正壁中上部局部 … 139
图版 189	北山佛湾第 245 号观无量寿佛经变相正壁中部局部 … 139
图版 190	北山佛湾第 245 号观无量寿佛经变相正壁下部局部 … 140
图版 191	北山佛湾第 245 号观无量寿佛经变相正壁下部 …… 141
图版 192	北山佛湾第 245 号观无量寿佛经变相正壁下部局部 … 142
图版 193	北山佛湾第 245 号观无量寿佛经变相正壁下部局部 … 143
图版 194	北山佛湾第 245 号观无量寿佛经变相未生怨局部 … 144
图版 195	北山佛湾第 245 号观无量寿佛经变相未生怨局部 … 144
图版 196	北山佛湾第 245 号观无量寿佛经变相未生怨局部 … 144
图版 197	北山佛湾第 245 号观无量寿佛经变相未生怨局部 … 145
图版 198	北山佛湾第 245 号观无量寿佛经变相未生怨局部 … 145
图版 199	北山佛湾第 245 号观无量寿佛经变相未生怨局部 … 145
图版 200	北山佛湾第 245 号观无量寿佛经变相未生怨局部 … 145
图版 201	北山佛湾第 245 号观无量寿佛经变相正壁中下部局部 … 146
图版 202	北山佛湾第 245 号观无量寿佛经变相正壁中下部局部 … 146
图版 203	北山佛湾第 245 号观无量寿佛经变相正壁中下部局部 … 147
图版 204	北山佛湾第 245 号观无量寿佛经变相十六观和未生局部 ………………………………… 148
图版 205	北山佛湾第 245 号观无量寿佛经变相十六观局部 … 148
图版 206	北山佛湾第 245 号观无量寿佛经变相十六观局部 … 149
图版 207	北山佛湾第 245 号观无量寿佛经变相十六观和未生怨局部 ………………………………… 149
图版 208	北山佛湾第 245 号观无量寿佛经变相十六观局部 … 150
图版 209	北山佛湾第 245 号观无量寿佛经变相十六观之一 … 150
图版 210	北山佛湾第 245 号观无量寿佛经变相十六观之一 … 151
图版 211	北山佛湾第 245 号观无量寿佛经变相十六观之一 … 151
图版 212	北山佛湾第 245 号观无量寿佛经变相十六观之一 … 152
图版 213	北山佛湾第 245 号观无量寿佛经变相十六观之一 … 152
图版 214	北山佛湾第 248 号佛和菩萨像 ……………………… 153
图版 215	北山佛湾第 249 号观音地藏龛 ……………………… 154
图版 216	北山佛湾第 271 号经幢龛 …………………………… 155
图版 217	北山佛湾第 273 号千手观音龛 ……………………… 156
图版 218	北山佛湾第 273 号千手观音龛 ……………………… 157
图版 219	北山佛湾第 273 号千手观音龛 ……………………… 158
图版 220	北山佛湾第 273 号千手观音龛侍者 ………………… 159
图版 221	北山佛湾第 274 号玉印观音龛 ……………………… 160
图版 222	北山佛湾第 279 号药师佛经变 ……………………… 161
图版 223	北山佛湾第 279 号药师佛经变 ……………………… 162
图版 224	北山佛湾第 279 号药师佛经变十二神将 …………… 163
图版 225	北山佛湾第 279 号药师佛经变十二神将局部 ……… 163
图版 226	北山佛湾第 279 号药师佛经变经幢 ………………… 164
图版 227	北山佛湾第 281 号药师佛经变 ……………………… 164
图版 228	北山多宝塔 …………………………………………… 165
图版 229	北山多宝塔 …………………………………………… 165
图版 230	北山多宝塔 …………………………………………… 166
图版 231	北山多宝塔 …………………………………………… 166
图版 232	北山多宝塔 …………………………………………… 167
图版 233	北山多宝塔 …………………………………………… 167
图版 234	北山多宝塔 …………………………………………… 168
图版 235	北山多宝塔 …………………………………………… 169
图版 236	北山多宝塔 …………………………………………… 170
图版 237	北山多宝塔 …………………………………………… 171
图版 238	北山多宝塔 …………………………………………… 172
图版 239	北山多宝塔塔身局部 ………………………………… 172
图版 240	北山多宝塔塔身局部 ………………………………… 173
图版 241	北山多宝塔塔身局部 ………………………………… 173
图版 242	北山多宝塔第 1、2 号窟 …………………………… 174
图版 243	北山多宝塔第 1、2 号窟右壁 ……………………… 175
图版 244	北山多宝塔第 1、2 号窟左壁 ……………………… 176
图版 245	北山多宝塔第 3 号龛 ………………………………… 177
图版 246	北山多宝塔第 4 号龛 ………………………………… 178
图版 247	北山多宝塔第 6 号龛 ………………………………… 179
图版 248	北山多宝塔第 7 号窟正壁主尊菩萨 ………………… 179
图版 249	北山多宝塔第 8 号龛 ………………………………… 180
图版 250	北山多宝塔第 8 号龛 ………………………………… 180
图版 251	北山多宝塔第 8 号龛 ………………………………… 181
图版 252	北山多宝塔第 9 号龛 ………………………………… 181

图版 253	北山多宝塔第 9 号龛	182
图版 254	北山多宝塔第 11 号龛	182
图版 255	北山多宝塔第 12 号窟	183
图版 256	北山多宝塔第 13 号窟	183
图版 257	北山多宝塔第 14 号龛	184
图版 258	北山多宝塔第 15 号窟	184
图版 259	北山多宝塔第 15 号窟正壁水月观音	185
图版 260	北山多宝塔第 17 号龛	185
图版 261	北山多宝塔第 22 号龛	186
图版 262	北山多宝塔第 33 号窟	186
图版 263	北山多宝塔第 38 号龛	187
图版 264	北山多宝塔第 38 号龛	187
图版 265	北山多宝塔第 50 号龛	188
图版 266	北山多宝塔第 55 号龛	188
图版 267	北山多宝塔第 58 号龛	189
图版 268	北山多宝塔第 58 号龛	189
图版 269	北山多宝塔第 63 号龛	190
图版 270	北山多宝塔第 70 号窟	190
图版 271	北山多宝塔第 131 号龛	191
图版 272	北山多宝塔第 1 级塔身东南壁局部	191
图版 273	北山多宝塔第 1 级塔身东南壁局部	191
图版 274	北山北塔坡南面清墓墓塔	192
图版 275	北山北塔坡南面清墓墓塔	192
图版 276	北山报恩寺（北塔寺）山门	193
图版 277	北山报恩寺（北塔寺）局部	193
图版 278	北山报恩寺（北塔寺）局部	193
图版 279	北山报恩寺（北塔寺）	194
图版 280	石篆山第 8 号老君龛	195
图版 281	石门山第 7 号独脚五通大帝龛	196
图版 282	石门山第 10 号三皇洞正壁	197
图版 283	南山第 4 号后土三圣母龛中像	198
图版 284	南山第 4 号后土三圣母龛左像	199
图版 285	南山第 4 号后土三圣母龛侍者	200
图版 286	南山第 4 号后土三圣母龛右壁造像	201
图版 287	南山第 6 号龛造像局部	202
图版 288	南山第 15 号龙洞	202
图版 289	南山第 15 号龙洞	203
图版 290	宝顶山大佛湾局部	204
图版 291	宝顶山大佛湾局部	204
图版 292	宝顶山大佛湾局部	205
图版 293	宝顶山大佛湾局部	205
图版 294	宝顶山大佛湾局部	206
图版 295	宝顶山大佛湾局部	206
图版 296	宝顶山大佛湾局部	207
图版 297	宝顶山大佛湾局部	207
图版 298	宝顶山大佛湾局部	208
图版 299	宝顶山大佛湾局部	209
图版 300	宝顶山大佛湾局部	210
图版 301	宝顶山大佛湾局部	211
图版 302	宝顶山大佛湾原入口	212
图版 303	宝顶山大佛湾	213
图版 304	宝顶山大佛湾第 2 号护法神像龛	214
图版 305	宝顶山大佛湾第 2 号护法神像龛	214
图版 306	宝顶山大佛湾第 2 号护法神像龛局部	215
图版 307	宝顶山大佛湾第 2 号护法神像龛局部	215
图版 308	宝顶山大佛湾第 4 号广大宝楼阁图局部	216
图版 309	宝顶山大佛湾第 4 号广大宝楼阁图局部	216
图版 310	宝顶山大佛湾第 5 号华严三圣龛	217
图版 311	宝顶山大佛湾第 5 号华严三圣龛	217
图版 312	宝顶山大佛湾第 8 号千手观音龛	218
图版 313	宝顶山大佛湾第 8 号千手观音龛	219
图版 314	宝顶山大佛湾第 8 号千手观音龛	220
图版 315	宝顶山大佛湾第 8 号千手观音龛	221
图版 316	宝顶山大佛湾第 11 号释迦牟尼涅槃图	222
图版 317	宝顶山大佛湾第 11 号释迦牟尼涅槃图	223
图版 318	宝顶山大佛湾第 11 号释迦牟尼涅槃图局部	224
图版 319	宝顶山大佛湾第 11 号释迦牟尼涅槃图局部	224
图版 320	宝顶山大佛湾第 11 号释迦牟尼涅槃图局部	225
图版 321	宝顶山大佛湾第 11 号释迦牟尼涅槃图局部	226
图版 322	宝顶山大佛湾第 11 号释迦牟尼涅槃图	227
图版 323	1945 年大足石刻考察团在宝顶山大佛湾第 11 号释迦牟尼涅槃图前合影	227
图版 324	宝顶山大佛湾第 11 号释迦牟尼涅槃图	228
图版 325	宝顶山大佛湾第 11 号释迦牟尼涅槃图局部	229
图版 326	宝顶山大佛湾第 11 号释迦牟尼涅槃图弟子	230
图版 327	宝顶山大佛湾第 11 号释迦牟尼涅槃图弟子	231
图版 328	宝顶山大佛湾第 11 号释迦牟尼涅槃图眷属	232
图版 329	宝顶山大佛湾第 11 号释迦牟尼涅槃图眷属	232
图版 330	宝顶山大佛湾第 11 号释迦牟尼涅槃图眷属	233
图版 331	宝顶山大佛湾第 12 号九龙浴太子图	233
图版 332	宝顶山大佛湾第 12 号九龙浴太子图	234
图版 333	宝顶山大佛湾第 13 号孔雀明王经变相	235
图版 334	宝顶山大佛湾第 13 号孔雀明王经变相局部	236
图版 335	宝顶山大佛湾第 13 号孔雀明王经变相局部	237
图版 336	宝顶山大佛湾第 14 号毗卢道场天王	238
图版 337	宝顶山大佛湾第 14 号毗卢道场佛像	239
图版 338	宝顶山大佛湾第 14 号毗卢道场佛头像	240
图版 339	宝顶山大佛湾第 14 号毗卢道场佛像	241

图版340 宝顶山大佛湾第14号毗卢道场佛头像……242	图版375 宝顶山大佛湾第18号观无量寿佛经变相童子……264
图版341 宝顶山大佛湾第15号报父母恩重经变相局部……243	图版376 宝顶山大佛湾第18号观无量寿佛经变相局部……264
图版342 宝顶山大佛湾第15号报父母恩重经变相局部……243	图版377 宝顶山大佛湾第18号观无量寿佛经变相局部……265
图版343 宝顶山大佛湾第15号报父母恩重经变相推干就湿恩……244	图版378 宝顶山大佛湾第18号观无量寿佛经变相局部……266
图版344 宝顶山大佛湾第15号报父母恩重经变相生子忘忧恩……244	图版379 宝顶山大佛湾第18号观无量寿佛经变相局部……267
图版345 宝顶山大佛湾第15号报父母恩重经变相远行忆念恩……245	图版380 宝顶山大佛湾第18号观无量寿佛经变相局部……268
图版346 宝顶山大佛湾第15号报父母恩重经变相远行忆念恩……245	图版381 宝顶山大佛湾第18号观无量寿佛经变相局部……269
图版347 宝顶山大佛湾第16号雷音图局部……246	图版382 宝顶山大佛湾第20号地狱变相地狱场景局部……269
图版348 宝顶山大佛湾第16号雷音图风神……247	图版383 宝顶山大佛湾第20号地狱变相地狱场景局部……270
图版349 宝顶山大佛湾第16号雷音图风神……248	图版384 宝顶山大佛湾第20号地狱变相地狱场景局部……270
图版350 宝顶山大佛湾第17号大方便佛报恩经变相佛像……248	图版385 宝顶山大佛湾第20号地狱变相刀山地狱局部……271
图版351 宝顶山大佛湾第17号大方便佛报恩经变相局部……249	图版386 宝顶山大佛湾第20号地狱变相油锅地狱局部……271
图版352 宝顶山大佛湾第17号大方便佛报恩经变相六师外道图……249	图版387 宝顶山大佛湾第20号地狱变相油锅地狱局部……272
图版353 宝顶山大佛湾第17号大方便佛报恩经变相六师外道图局部……250	图版388 宝顶山大佛湾第20号地狱变相毒蛇地狱局部……272
图版354 宝顶山大佛湾第17号大方便佛报恩经变相六师外道图局部……250	图版389 宝顶山大佛湾第20号地狱变相饿鬼地狱局部……273
图版355 宝顶山大佛湾第17号大方便佛报恩经变相六师外道图局部……251	图版390 宝顶山大佛湾第20号地狱变相锯解地狱局部……273
图版356 宝顶山大佛湾第17号大方便佛报恩经变相六师外道图局部……252	图版391 宝顶山大佛湾第20号地狱变相寒冰地狱局部……274
图版357 宝顶山大佛湾第17号大方便佛报恩经变相六师外道图吹笛女……253	图版392 宝顶山大佛湾第20号地狱变相寒冰地狱局部……274
图版358 宝顶山大佛湾第17号大方便佛报恩经变相六师外道图吹笛女……253	图版393 宝顶山大佛湾第20号地狱变相寒冰地狱局部……275
图版359 宝顶山大佛湾第17号大方便佛报恩经变相释迦亲担父王棺图……254	图版394 宝顶山大佛湾第20号地狱变相寒冰地狱局部……276
图版360 宝顶山大佛湾第17号大方便佛报恩经变相释迦亲担父王棺图……254	图版395 宝顶山大佛湾第20号地狱变相铁床地狱局部……277
图版361 宝顶山大佛湾第17号大方便佛报恩经变相释迦亲担父王棺图局部……255	图版396 宝顶山大佛湾第20号地狱变相铁床地狱局部……278
图版362 宝顶山大佛湾第17号大方便佛报恩经变相局部……256	图版397 宝顶山大佛湾第20号地狱变相铁床地狱局部……278
图版363 宝顶山大佛湾第17号大方便佛报恩经变相局部……257	图版398 宝顶山大佛湾第20号地狱变相铁床地狱局部……279
图版364 宝顶山大佛湾第17号大方便佛报恩经变相局部……258	图版399 宝顶山大佛湾第20号地狱变相到碓地狱局部……280
图版365 宝顶山大佛湾第17号大方便佛报恩经变相局部……259	图版400 宝顶山大佛湾第20号地狱变相到碓地狱局部……280
图版366 宝顶山大佛湾第18号观无量寿佛经变相……259	图版401 宝顶山大佛湾第20号地狱变相黑暗地狱局部……281
图版367 宝顶山大佛湾第18号观无量寿佛经变相……260	图版402 宝顶山大佛湾第20号地狱变相黑暗地狱局部……281
图版368 宝顶山大佛湾第18号观无量寿佛经变相局部……260	图版403 宝顶山大佛湾第20号地狱变相截膝地狱局部……282
图版369 宝顶山大佛湾第18号观无量寿佛经变相局部……261	图版404 宝顶山大佛湾第20号地狱变相截膝地狱……282
图版370 宝顶山大佛湾第18号观无量寿佛经变相局部……261	图版405 宝顶山大佛湾第20号地狱变相截膝地狱……283
图版371 宝顶山大佛湾第18号观无量寿佛经变相局部……262	图版406 宝顶山大佛湾第20号地狱变相截膝地狱……283
图版372 宝顶山大佛湾第18号观无量寿佛经变相迦陵频伽……262	图版407 宝顶山大佛湾第20号地狱变相截膝地狱局部……284
图版373 宝顶山大佛湾第18号观无量寿佛经变相菩萨……263	图版408 宝顶山大佛湾第20号地狱变相截膝地狱局部……284
图版374 宝顶山大佛湾第18号观无量寿佛经变相童子……263	图版409 宝顶山大佛湾第20号地狱变相截膝地狱局部……285
	图版410 宝顶山大佛湾第20号地狱变相截膝地狱局部……285
	图版411 宝顶山大佛湾第20号地狱变相截膝地狱局部……286
	图版412 宝顶山大佛湾第20号地狱变相截膝地狱局部……286
	图版413 宝顶山大佛湾第20号地狱变相截膝地狱局部……287
	图版414 宝顶山大佛湾第20号地狱变相截膝地狱局部……287
	图版415 宝顶山大佛湾第20号地狱变相截膝地狱局部……288
	图版416 宝顶山大佛湾第20号地狱变相截膝地狱局部……288
	图版417 宝顶山大佛湾第20号地狱变相截膝地狱局部……289
	图版418 宝顶山大佛湾第20号地狱变相截膝地狱局部……289

图版 419	宝顶山大佛湾第 20 号地狱变相截膝地狱局部	290
图版 420	宝顶山大佛湾第 20 号地狱变相截膝地狱局部	290
图版 421	宝顶山大佛湾第 20 号地狱变相截膝地狱局部	291
图版 422	宝顶山大佛湾第 20 号地狱变相截膝地狱局部	291
图版 423	宝顶山大佛湾第 20 号地狱变相刀船地狱养鸡女头像	292
图版 424	宝顶山大佛湾第 20 号地狱变相刀船地狱养鸡女头像	292
图版 425	宝顶山大佛湾第 20 号地狱变相刀船地狱养鸡女	293
图版 426	宝顶山大佛湾第 20 号地狱变相刀船地狱养鸡女	294
图版 427	宝顶山大佛湾第 20 号地狱变相刀船地狱养鸡女头像	295
图版 428	宝顶山大佛湾第 20 号地狱变相局部	295
图版 429	宝顶山大佛湾第 20 号地狱变相局部	296
图版 430	宝顶山大佛湾第 20 号地狱变相粪秽地狱局部	297
图版 431	宝顶山大佛湾第 21 号柳本尊行化图	298
图版 432	宝顶山大佛湾第 21 号柳本尊行化图	298
图版 433	宝顶山大佛湾第 21 号柳本尊行化图局部	299
图版 434	宝顶山大佛湾第 21 号柳本尊行化图	299
图版 435	宝顶山大佛湾第 21 号柳本尊行化图	300
图版 436	宝顶山大佛湾第 21 号柳本尊行化图局部	301
图版 437	宝顶山大佛湾第 22 号十大明王局部	301
图版 438	宝顶山大佛湾第 22 号十大明王局部	302
图版 439	宝顶山大佛湾第 22 号十大明王局部	302
图版 440	宝顶山大佛湾第 22 号十大明王局部	303
图版 441	宝顶山大佛湾第 22 号十大明王局部	303
图版 442	宝顶山大佛湾第 22 号十大明王局部	304
图版 443	宝顶山大佛湾第 22 号十大明王局部	304
图版 444	宝顶山大佛湾第 22 号十大明王局部	305
图版 445	宝顶山大佛湾第 22 号十大明王局部	305
图版 446	宝顶山大佛湾第 29 号圆觉洞	306
图版 447	宝顶山大佛湾第 29 号圆觉洞	307
图版 448	宝顶山大佛湾第 29 号圆觉洞跪地菩萨	307
图版 449	宝顶山大佛湾第 29 号圆觉洞侍者	308
图版 450	宝顶山大佛湾第 29 号圆觉洞局部	308
图版 451	宝顶山大佛湾第 29 号圆觉洞菩萨	309
图版 452	宝顶山大佛湾第 29 号圆觉洞局部	309
图版 453	宝顶山大佛湾第 29 号圆觉洞菩萨	310
图版 454	宝顶山大佛湾第 29 号圆觉洞菩萨头像	310
图版 455	宝顶山大佛湾第 29 号圆觉洞菩萨	310
图版 456	宝顶山大佛湾第 29 号圆觉洞菩萨	311
图版 457	宝顶山大佛湾第 29 号圆觉洞持钵人	311
图版 458	宝顶山大佛湾第 30 号牧牛图局部	312
图版 459	宝顶山大佛湾第 30 号牧牛图局部	312
图版 460	宝顶山大佛湾第 30 号牧牛图局部	313
图版 461	宝顶山大佛湾第 30 号牧牛图局部	313
图版 462	宝顶山大佛湾第 30 号牧牛图局部	314
图版 463	宝顶山大佛湾第 30 号牧牛图局部	314
图版 464	宝顶山大佛湾第 30 号牧牛图局部	315
图版 465	宝顶山大佛湾第 30 号牧牛图局部	315
图版 466	宝顶山大佛湾第 30 号牧牛图局部	316
图版 467	宝顶山大佛湾第 30 号牧牛图局部	316
图版 468	宝顶山大佛湾第 30 号牧牛图局部	317
图版 469	宝顶山大佛湾第 30 号牧牛图局部	317
图版 470	宝顶山大佛湾第 30 号牧牛图局部	318
图版 471	宝顶山大佛湾第 30 号牧牛图局部	318
图版 472	宝顶山大佛湾第 30 号牧牛图局部	318
图版 473	宝顶山大佛湾第 30 号牧牛图局部	319
图版 474	宝顶山大佛湾第 30 号牧牛图局部	319
图版 475	宝顶山大佛湾第 30 号牧牛图局部	320
图版 476	宝顶山大佛湾第 30 号牧牛图局部	320
图版 477	宝顶山大佛湾第 30 号牧牛图局部	321
图版 478	宝顶山大佛湾第 30 号牧牛图局部	321
图版 479	宝顶山大佛湾第 30 号牧牛图局部	322
图版 480	宝顶山大佛湾第 30 号牧牛图局部	322
图版 481	宝顶山大佛湾第 31 号栗咭婆子龛	323
图版 482	宝顶山小佛湾第 1 号经目塔	324
图版 483	宝顶山小佛湾第 1 号经目塔局部	324
图版 484	宝顶山小佛湾第 9 号毗卢庵左外壁局部	325
图版 485	宝顶山小佛湾香炉	326
图版 486	宝顶山转法轮塔	326
图版 487	宝顶山转法轮塔	327
图版 488	宝顶山转法轮塔第一层菩萨	328
图版 489	宝顶山转法轮塔第一层菩萨	329
图版 490	宝顶山转法轮塔第二层佛像	330
图版 491	宝顶山转法轮塔第二层佛像	331
图版 492	宝顶山释迦真如舍利宝塔	332
图版 493	宝顶山释迦真如舍利宝塔局部	333
图版 494	宝顶山释迦真如舍利宝塔	333
图版 495	宝顶山高观音	334
图版 496	宝顶山圣寿寺维摩顶	334
图版 497	宝顶山圣寿寺山门	335
图版 498	宝顶山圣寿寺局部	335
图版 499	宝顶山圣寿寺山门前	336
图版 500	宝顶山圣迹池	336
图版 501	宝顶山圣迹池佛足印	337
图版 502	宝顶山万岁楼前	337

Catalogue

Preface		1
Illus. 1	Nos. 49-55, Southern Section of the Fowan, Beishan	3
Illus. 2	Nos. 128-136, Northern Section of the Fowan, Beishan	4
Illus. 3	Nos. 176-184, Northern Section of the Fowan, Beishan	5
Illus. 4	Nos. 269-281, Northern Section of the Fowan, Beishan	6
Illus. 5	Detail, Northern Section of the Fowan, Beishan	7
Illus. 6	Detail, Northern Section of the Fowan, Beishan	8
Illus. 7	Distant View of the Fowan, Beishan	8
Illus. 8	Detail, Northern Section of the Fowan, Beishan	9
Illus. 9	Wei Junjing, No. 1, Fowan, Beishan	9
Illus. 10	Wei Junjing, No. 1, Fowan, Beishan	10
Illus. 11	Vaisravana, No. 3, Fowan, Beishan	10
Illus. 12	Vaisravana, No. 5, Fowan, Beishan	11
Illus. 13	Left Wall Carvings, Vaisravana, No. 5, Fowan, Beishan	12
Illus. 14	Left Wall Carvings, Vaisravana, No. 5, Fowan, Beishan	13
Illus. 15	Vaisravana, No. 5, Fowan, Beishan	14
Illus. 16	Left Wall Carvings, Vaisravana, No. 5, Fowan, Beishan	14
Illus. 17	Left Wall Carvings, Vaisravana, No. 5, Fowan, Beishan	14
Illus. 18	Thousand-handed and Thousand-eyed Avalokitesvara, No. 9, Fowan, Beishan	15
Illus. 19	Thousand-handed and Thousand-eyed Avalokitesvara, No. 9, Fowan, Beishan	16
Illus. 20	Right Wall, Thousand-handed and Thousand-eyed Avalokitesvara, No. 9, Fowan, Beishan	17
Illus. 21	Avalokitesvara, Sakyamuni, No. 10, Fowan, Beishan	18
Illus. 22	Sakyamuni, No. 12, Fowan, Beishan	19
Illus. 23	Suryaprabha and Chandraprabha, No. 24, Fowan, Beishan	20
Illus. 24	Suryaprabha and Chandraprabha, No. 24, Fowan, Beishan	21
Illus. 25	Avalokitesvara as Savior of the Suffering, No. 26, Fowan, Beishan	22
Illus. 26	Avalokitesvara, No. 27, Fowan, Beishan	23
Illus. 27	Damaged Bodhisattva Figures, No. 32, Fowan, Beishan	24
Illus. 28	Left Side Attendant Bodhisattva, No. 35, Fowan, Beishan	25
Illus. 29	Sakyamuni, Sixteen Arhats, No. 36, Fowan, Beishan	26
Illus. 30	Acalanatha, No. 47, Fowan, Beishan	27
Illus. 31	Buddhas of the Past, Present and Future, No. 51, Fowan, Beishan	28
Illus. 32	Dvarapala, Buddhas of the Past, Present and Future, No. 51, Fowan, Beishan	29
Illus. 33	Amitabha with Avalokitesvara and Ksitigarbha, No. 52, Fowan, Beishan	30
Illus. 34	Detail, Amitabha with Avalokitesvara and Ksitigarbha, No. 52, Fowan, Beishan	31
Illus. 35	Amitabha with Avalokitesvara and Ksitigarbha, No. 52, Fowan, Beishan	32
Illus. 36	Right Side Apsara, Amitabha with Avalokitesvara and Ksitigarbha, No. 52, Fowan, Beishan	33
Illus. 37	Left Side Apsara, Amitabha with Avalokitesvara and Ksitigarbha, No. 52, Fowan, Beishan	34
Illus. 38	Amitabha with Avalokitesvara and Ksitigarbha, No. 53, Fowan, Beishan	35
Illus. 39	Right Side Apsara, Amitabha with Avalokitesvara and Ksitigarbha, No. 53, Fowan, Beishan	35
Illus. 40	Left Side Apsara, Amitabha with Avalokitesvara and Ksitigarbha, No. 53, Fowan, Beishan	36
Illus. 41	Left Side Apsaras, Amitabha with Avalokitesvara and Ksitigarbha, No. 53, Fowan, Beishan	36
Illus. 42	Avalokitesvara and Ksitigarbha, No. 58, Fowan, Beishan	37
Illus. 43	Detail, Avalokitesvara and Ksitigarbha, No. 58, Fowan, Beishan	37
Illus. 44	Avalokitesvara, No. 84, Fowan, Beishan	38
Illus. 45	Avalokitesvara, No. 84, Fowan, Beishan	39
Illus. 46	Relic Pagoda, No. 100, Fowan, Beishan	40
Illus. 47	Apsara on the Right Wall, Three Worthies of Huayan, No. 106, Fowan, Beishan	41
Illus. 48	Detail, Bhaisajyaguru with Six Buddhas, No. 107, Fowan, Beishan	42
Illus. 49	Water-moon Avalokitesvara, No. 113, Fowan, Beishan	42
Illus. 50	Water-moon Avalokitesvara, No. 113, Fowan, Beishan	43
Illus. 51	Water-moon Avalokitesvara, No. 113, Fowan, Beishan	43
Illus. 52	Donor Figure, Water-moon Avalokitesvara, No. 113, Fowan, Beishan	44
Illus. 53	Avalokitesvara with a Jade Seal, No. 118, Fowan, Beishan	45
Illus. 54	Avalokitesvara, Avalokitesvara with a Jade Seal, No. 118, Fowan, Beishan	45
Illus. 55	Avalokitesvara, Avalokitesvara with a Jade Seal, No. 118, Fowan, Beishan	46
Illus. 56	Amoghapasha, No. 119, Fowan, Beishan	46
Illus. 57	Upper Right Carvings, Avalokitesvara and Ksitigarbha, No. 121, Fowan, Beishan	47
Illus. 58	Hariti, No. 122, Fowan, Beishan	47
Illus. 59	Hariti, No. 122, Fowan, Beishan	48
Illus. 60	Left Wall Carvings, Hariti, No. 122, Fowan, Beishan	49
Illus. 61	Left Wall Carvings, Hariti, No. 122, Fowan, Beishan	49
Illus. 62	Avalokitesvara with Prayer Beads, No. 125, Fowan, Beishan	50

Illus. 63	Avalokitesvara with Prayer Beads, No. 125, Fowan, Beishan	50
Illus. 64	Avalokitesvara with Prayer Beads, No. 125, Fowan, Beishan	51
Illus. 65	Avalokitesvara Head, Avalokitesvara with Prayer Beads, No. 125, Fowan, Beishan	51
Illus. 66	Avalokitesvara with Prayer Beads, No. 125, Fowan, Beishan	52
Illus. 67	Marici, No. 130, Fowan, Beishan	53
Illus. 68	Marici, No. 130, Fowan, Beishan	54
Illus. 69	Marici, No. 130, Fowan, Beishan	55
Illus. 70	Marici, No. 130, Fowan, Beishan	55
Illus. 71	Avalokitesvara with a Mani, No. 132, Fowan, Beishan	56
Illus. 72	Avalokitesvara with a Mani, No. 132, Fowan, Beishan	56
Illus. 73	Water-moon Avalokitesvara, No. 133, Fowan, Beishan	57
Illus. 74	Sudhana, Water-moon Avalokitesvara, No. 133, Fowan, Beishan	58
Illus. 75	Sudhana, Water-moon Avalokitesvara, No. 133, Fowan, Beishan	58
Illus. 76	Nagakanya, Water-moon Avalokitesvara, No. 133, Fowan, Beishan	59
Illus. 77	Left Wall, Water-moon Avalokitesvara, No. 133, Fowan, Beishan	60
Illus. 78	Right Wall, Water-moon Avalokitesvara, No. 133, Fowan, Beishan	61
Illus. 79	Revolving Sutra Repository, No. 136, Fowan, Beishan	62
Illus. 80	Revolving Sutra Repository, No. 136, Fowan, Beishan	63
Illus. 81	Back Wall Carvings, Revolving Sutra Repository, No. 136, Fowan, Beishan	64
Illus. 82	Avalokitesvara with a Kundika, Revolving Sutra Repository, No. 136, Fowan, Beishan	65
Illus. 83	Avalokitesvara with a Kundika, Revolving Sutra Repository, No. 136, Fowan, Beishan	65
Illus. 84	Avalokitesvara with a Kundika, Revolving Sutra Repository, No. 136, Fowan, Beishan	66
Illus. 85	Avalokitesvara with a Lotus Flower, Revolving Sutra Repository, No. 136, Fowan, Beishan	67
Illus. 86	Manjusri, Revolving Sutra Repository, No. 136, Fowan, Beishan	68
Illus. 87	Manjusri, Revolving Sutra Repository, No. 136, Fowan, Beishan	69
Illus. 88	Manjusri, Revolving Sutra Repository, No. 136, Fowan, Beishan	70
Illus. 89	Manjusri, Revolving Sutra Repository, No. 136, Fowan, Beishan	71
Illus. 90	Manjusri, Revolving Sutra Repository, No. 136, Fowan, Beishan	72
Illus. 91	Manjusri, Revolving Sutra Repository, No. 136, Fowan, Beishan	72
Illus. 92	Sudhana by the Side of Manjusri, Revolving Sutra Repository, No. 136, Fowan, Beishan	72
Illus. 93	Avalokitesvara with a Jade Seal, Revolving Sutra Repository, No. 136, Fowan, Beishan	73
Illus. 94	Avalokitesvara with a Jade Seal, Revolving Sutra Repository, No. 136, Fowan, Beishan	74
Illus. 95	Avalokitesvara Head, Avalokitesvara with a Jade Seal, Revolving Sutra Repository, No. 136, Fowan, Beishan	74
Illus. 96	Avalokitesvara with a Jade Seal, Revolving Sutra Repository, No. 136, Fowan, Beishan	75
Illus. 97	Attendant Figure, Avalokitesvara with a Jade Seal, Revolving Sutra Repository, No. 136, Fowan, Beishan	76
Illus. 98	Avalokitesvara with Chintamani, Revolving Sutra Repository, No. 136, Fowan, Beishan	77
Illus. 99	Avalokitesvara with Chintamani, Revolving Sutra Repository, No. 136, Fowan, Beishan	78
Illus. 100	Avalokitesvara with Chintamani, Revolving Sutra Repository, No. 136, Fowan, Beishan	78
Illus. 101	Dvarapala, Revolving Sutra Repository, No. 136, Fowan, Beishan	79
Illus. 102	Dvarapala, Revolving Sutra Repository, No. 136, Fowan, Beishan	79
Illus. 103	Samantabhadra, Revolving Sutra Repository, No. 136, Fowan, Beishan	80
Illus. 104	Samantabhadra, Revolving Sutra Repository, No. 136, Fowan, Beishan	80
Illus. 105	Samantabhadra, Revolving Sutra Repository, No. 136, Fowan, Beishan	81
Illus. 106	Samantabhadra, Revolving Sutra Repository, No. 136, Fowan, Beishan	82
Illus. 107	Samantabhadra Head, Revolving Sutra Repository, No. 136, Fowan, Beishan	83
Illus. 108	Avalokitesvara with the Sun and Moon, Revolving Sutra Repository, No. 136, Fowan, Beishan	84
Illus. 109	Avalokitesvara with the Sun and Moon, Revolving Sutra Repository, No. 136, Fowan, Beishan	85
Illus. 110	Detail, Avalokitesvara with the Sun and Moon, Revolving Sutra Repository, No. 136, Fowan, Beishan	85
Illus. 111	Attendant Figure, Avalokitesvara with the Sun and Moon, Revolving Sutra Repository, No. 136, Fowan, Beishan	86
Illus. 112	Attendant Figure, Avalokitesvara with the Sun and Moon, Revolving Sutra Repository, No. 136, Fowan, Beishan	87
Illus. 113	Attendant Head, Avalokitesvara with Sun and Moon, Revolving Sutra Repository, No. 136, Fowan, Beishan	87
Illus. 114	Detail of Right Wall Carvings, Revolving Sutra Repository, No. 136, Fowan, Beishan	88
Illus. 115	Avalokitesvara with Prayer Beads, Revolving Sutra Repository,	

	No. 136, Fowan, Beishan.	89
Illus. 116	Avalokitesvara with Prayer Beads, Revolving Sutra Repository, No. 136, Fowan, Beishan.	89
Illus. 117	Avalokitesvara with Prayer Beads, Revolving Sutra Repository, No. 136, Fowan, Beishan.	90
Illus. 118	Detail, Avalokitesvara with Prayer Beads, Revolving Sutra Repository, No. 136, Fowan, Beishan	90
Illus. 119	Dvarapala, Revolving Sutra Repository, No. 136, Fowan, Beishan	91
Illus. 120	The Revolving Sutra Repository, No. 136, Fowan, Beishan	92
Illus. 121	Detail, Revolving Sutra Repository, No. 136, Fowan, Beishan	93
Illus. 122	Curled-up Dragon, Revolving Sutra Repository, No. 136, Fowan, Beishan	93
Illus. 123	Intaglio Illustrations to Episodes from the *Vimalakirti Sutra*, No. 137, Fowan, Beishan	94
Illus. 124	Peacock King, No. 155, Fowan, Beishan	95
Illus. 125	Detail, Peacock King, No. 155, Fowan, Beishan	96
Illus. 126	Detail, Peacock King, No. 155, Fowan, Beishan	96
Illus. 127	Detail, Five Hundred Arhats, No. 168, Fowan, Beishan	97
Illus. 128	Detail, Five Hundred Arhats, No. 168, Fowan, Beishan	97
Illus. 129	Tejaprabha Buddha, No. 169, Fowan, Beishan	98
Illus. 130	Detail, Tejaprabha Buddha, No. 169, Fowan, Beishan	98
Illus. 131	Illustrations to Episodes from the *Maitreya-vyakarana Sutra*, No. 176, Fowan, Beishan	99
Illus. 132	Detail, Illustrations to Episodes from the *Maitreya-vyakarana Sutra*, No. 176, Fowan, Beishan	100
Illus. 133	Detail, Illustrations to Episodes from the *Maitreya-vyakarana Sutra*, No. 176, Fowan, Beishan	100
Illus. 134	Illustrations to Episodes from the *Maitreya-vyakarana Sutra*, No. 176, Fowan, Beishan	100
Illus. 135	Illustrations to Episodes from the *Maitreya-vyakarana Sutra*, No. 176, Fowan, Beishan	101
Illus. 136	Right Wall, Illustrations to Episodes from the *Maitreya-vyakarana Sutra*, No. 176, Fowan, Beishan	101
Illus. 137	Detail of the Right Wall, Illustrations to Episodes from the *Maitreya-vyakarana Sutra*, No. 176, Fowan, Beishan	102
Illus. 138	Detail of the Right Wall, Illustrations to Episodes from the *Maitreya-vyakarana Sutra*, No. 176, Fowan, Beishan	102
Illus. 139	Detail of the Right Wall, Illustrations to Episodes from the *Maitreya-vyakarana Sutra*, No. 176, Fowan, Beishan	103
Illus. 140	Detail of the Right Wall, Illustrations to Episodes from the *Maitreya-vyakarana Sutra*, No. 176, Fowan, Beishan	103
Illus. 141	Detail of the Right Wall, Illustrations to Episodes from the *Maitreya-vyakarana Sutra*, No. 176, Fowan, Beishan	101
Illus. 142	Detail of the Left Wall, Illustrations to Episodes from the *Maitreya-vyakarana Sutra*, No. 176, Fowan, Beishan	104
Illus. 143	Donor Figures, Illustrations to Episodes from the *Maitreya-vyakarana Sutra*, No. 176, Fowan, Beishan	105
Illus. 144	Back Wall, Great Saint of Sizhou, No. 177, Fowan, Beishan	105
Illus. 145	Back Wall, Great Saint of Sizhou, No. 177, Fowan, Beishan	106
Illus. 146	Monk Zhigong, Great Saint of Sizhou, No. 177, Fowan, Beishan	107
Illus. 147	Left Wall, Great Saint of Sizhou, No. 177, Fowan, Beishan	108
Illus. 148	Head of Monk Zhigong, Great Saint of Sizhou, No. 177, Fowan, Beishan	108
Illus. 149	Monk Statue, Great Saint of Sizhou, No. 177, Fowan, Beishan	109
Illus. 150	Thirteen Avalokitesvaras, No. 180, Fowan, Beishan	109
Illus. 151	Research Group Photo Taken in 1945 in front of No. 180 of the Fowan, Beishan	110
Illus. 152	Back Wall, Thirteen Avalokitesvaras, No. 180, Fowan, Beishan	111
Illus. 153	Back Wall, Thirteen Avalokitesvaras, No. 180, Fowan, Beishan	112
Illus. 154	Detail of the Left Wall, Thirteen Avalokitesvaras, No. 180, Fowan, Beishan	113
Illus. 155	Detail of the Left Wall, Thirteen Avalokitesvaras, No. 180, Fowan, Beishan	113
Illus. 156	Detail of the Left Wall, Thirteen Avalokitesvaras, No. 180, Fowan, Beishan	114
Illus. 157	Left Wall, Thirteen Avalokitesvaras, No. 180, Fowan, Beishan	115
Illus. 158	Detail of the Left Wall, Thirteen Avalokitesvaras, No. 180, Fowan, Beishan	116
Illus. 159	Detail of the Left Wall, Thirteen Avalokitesvaras, No. 180, Fowan, Beishan	116
Illus. 160	Right Wall, Thirteen Avalokitesvaras, No. 180, Fowan, Beishan	117
Illus. 161	Detail of the Right Wall, Thirteen Avalokitesvaras, No. 180, Fowan, Beishan	118
Illus. 162	Avalokitesvara Head, Thirteen Avalokitesvaras, No. 180, Fowan, Beishan	119
Illus. 163	Avalokitesvara Head, Thirteen Avalokitesvaras, No. 180, Fowan, Beishan	119
Illus. 164	Avalokitesvara Head, Thirteen Avalokitesvaras, No. 180, Fowan, Beishan	120
Illus. 165	Avalokitesvara Head, Thirteen Avalokitesvaras, No. 180, Fowan, Beishan	120

Illus. 166	Attendant Bodhisattva on the Right Wall, Avalokitesvara and Ksitigarbha, No. 187, Fowan, Beishan	121
Illus. 167	Avalokitesvara, No. 213, Fowan, Beishan	122
Illus. 168	Detail, Sixteen Arhats, No. 220, Fowan, Beishan	122
Illus. 169	Avalokitesvara, No. 224, Fowan, Beishan	123
Illus. 170	Avalokitesvara with a Kundika, No. 225, Fowan, Beishan	124
Illus. 171	Bhaisajyaguru, No. 231, Fowan, Beishan	125
Illus. 172	Detail, Abhiratiraja Bodhisattva, No. 240, Fowan, Beishan	125
Illus. 173	Detail, Abhiratiraja Bodhisattva, No. 240, Fowan, Beishan	126
Illus. 174	Thousand-handed and Thousand-eyed Avalokitesvara, No. 243, Fowan, Beishan	127
Illus. 175	Illustrations to Episodes from the *Amitayur-dhyana Sutra*, No. 245, Fowan, Beishan	128
Illus. 176	Upper Part, Illustrations to Episodes from the *Amitayur-dhyana Sutra*, No. 245, Fowan, Beishan	129
Illus. 177	Upper-middle Part of the Back Wall, Illustrations to Episodes from the *Amitayur-dhyana Sutra*, No. 245, Fowan, Beishan	129
Illus. 178	Detail of Upper-middle Part, Illustrations to Episodes from the *Amitayur-dhyana Sutra*, No. 245, Fowan, Beishan	130
Illus. 179	Amitabha, Illustrations to Episodes from the *Amitayur-dhyana Sutra*, No. 245, Fowan, Beishan	130
Illus. 180	Upper Part of the Back Wall, Illustrations to Episodes from the *Amitayur-dhyana Sutra*, No. 245, Fowan, Beishan	131
Illus. 181	Lower Part of the Back Wall, Illustrations to Episodes from the *Amitayur-dhyana Sutra*, No. 245, Fowan, Beishan	132
Illus. 182	Upper Part of the Back Wall, Illustrations to Episodes from the *Amitayur-dhyana Sutra*, No. 245, Fowan, Beishan	133
Illus. 183	Upper Part of the Back Wall, Illustrations to Episodes from the *Amitayur-dhyana Sutra*, No. 245, Fowan, Beishan	134
Illus. 184	Detail of Upper Part, Illustrations to Episodes from the *Amitayur-dhyana Sutra*, No. 245, Fowan, Beishan	135
Illus. 185	Upper Part of the Right Wall, Illustrations to Episodes from the *Amitayur-dhyana Sutra*, No. 245, Fowan, Beishan	136
Illus. 186	Upper Part of the Right Wall, Illustrations to Episodes from the *Amitayur-dhyana Sutra*, No. 245, Fowan, Beishan	137
Illus. 187	Upper Part of the Right Wall, Illustrations to Episodes from the *Amitayur-dhyana Sutra*, No. 245, Fowan, Beishan	138
Illus. 188	Detail, Upper-middle Part of the Back Wall, Illustrations to Episodes from the *Amitayur-dhyana Sutra*, No. 245, Fowan, Beishan	139
Illus. 189	Detail, Middle Part of the Back Wall, Illustrations to Episodes from the *Amitayur-dhyana Sutra*, No. 245, Fowan, Beishan	139
Illus. 190	Detail, Lower Part of the Back Wall, Illustrations to Episodes from the *Amitayur-dhyana Sutra*, No. 245, Fowan, Beishan	140
Illus. 191	Lower Part of the Back Wall, Illustrations to Episodes from the *Amitayur-dhyana Sutra*, No. 245, Fowan, Beishan	141
Illus. 192	Detail, Lower Part of the Back Wall, Illustrations to Episodes from the *Amitayur-dhyana Sutra*, No. 245, Fowan, Beishan	142
Illus. 193	Detail, Lower Part of the Back Wall, Illustrations to Episodes from the *Amitayur-dhyana Sutra*, No. 245, Fowan, Beishan	143
Illus. 194	Detail, Tales of Ajatashatru, Illustrations to Episodes from the *Amitayur-dhyana Sutra*, No. 245, Fowan, Beishan	144
Illus. 195	Detail, Tales of Ajatashatru, Illustrations to Episodes from the *Amitayur-dhyana Sutra*, No. 245, Fowan, Beishan	144
Illus. 196	Detail, Tales of Ajatashatru, Illustrations to Episodes from the *Amitayur-dhyana Sutra*, No. 245, Fowan, Beishan	144
Illus. 197	Detail, Tales of Ajatashatru, Illustrations to Episodes from the *Amitayur-dhyana Sutra,* No. 245, Fowan, Beishan	145
Illus. 198	Detail, Tales of Ajatashatru, Illustrations to Episodes from the *Amitayur-dhyana Sutra*, No. 245, Fowan, Beishan	145
Illus. 199	Detail, Tales of Ajatashatru, Illustrations to Episodes from the *Amitayur-dhyana Sutra*, No. 245, Fowan, Beishan	145
Illus. 200	Detail, Tales of Ajatashatru, Illustrations to Episodes from the *Amitayur-dhyana Sutra*, No. 245, Fowan, Beishan	145
Illus. 201	Detail, Lower-middle Part of the Back Wall, Illustrations to Episodes from the *Amitayur-dhyana Sutra*, No. 245, Fowan, Beishan	146
Illus. 202	Detail, Lower-middle Part of the Back Wall, Illustrations to Episodes from the *Amitayur-dhyana Sutra*, No. 245, Fowan, Beishan	146
Illus. 203	Detail, Lower-middle Part of the Back Wall, Illustrations to Episodes from the *Amitayur-dhyana Sutra*, No. 245, Fowan, Beishan	147
Illus. 204	Detail, Sixteen Meditations and Tales of Ajatashatru, Illustrations of Episodes from the *Amitayur-dhyana Sutra*, No. 245, Fowan, Beishan	148
Illus. 205	Detail, Sixteen Meditations, Illustrations to Episodes from the *Amitayur-dhyana Sutra*, No. 245, Fowan, Beishan	148
Illus. 206	Detail, Sixteen Meditations, Illustrations to Episodes from the *Amitayur-dhyana Sutra*, No. 245, Fowan, Beishan	149
Illus. 207	Detail, Sixteen Meditations and Tales of Ajatashatru, Illustrations of Episodes from the *Amitayur-dhyana Sutra*, No. 245, Fowan, Beishan	149
Illus. 208	Detail, Sixteen Meditations, Illustrations to Episodes from the *Amitayur-dhyana Sutra*, No. 245, Fowan, Beishan	150
Illus. 209	One of Sixteen Meditations, Illustrations to Episodes from the *Amitayur-dhyana Sutra*, No. 245, Fowan, Beishan	150
Illus. 210	One of Sixteen Meditations, Illustrations to Episodes from the *Amitayur-dhyana Sutra*, No. 245, Fowan, Beishan	151
Illus. 211	One of Sixteen Meditations, Illustrations to Episodes from the *Amitayur-dhyana Sutra*, No. 245, Fowan, Beishan	151
Illus. 212	One of Sixteen Meditations, Illustrations to Episodes from the	

	Amitayur-dhyana Sutra, No. 245, Fowan, Beishan.....................	152
Illus. 213	One of Sixteen Meditations, Illustrations to Episodes from the *Amitayur-dhyana Sutra*, No. 245, Fowan, Beishan.....................	152
Illus. 214	Buddha and Bodhisattva, No. 248, Fowan, Beishan	153
Illus. 215	Avalokitesvara and Ksitigarbha, No. 249, Fowan, Beishan......	154
Illus. 216	Sutra Pillar, No. 271, Fowan, Beishan............................	155
Illus. 217	Thousand-handed and Thousand-eyed Avalokitesvara, No. 273, Fowan, Beishan...	156
Illus. 218	Thousand-handed and Thousand-eyed Avalokitesvara, No. 273, Fowan, Beishan...	157
Illus. 219	Thousand-handed and Thousand-eyed Avalokitesvara, No. 273, Fowan, Beishan...	158
Illus. 220	Attendant Figure, Thousand-handed and Thousand-eyed Avalokitesvara, No. 273, Fowan, Beishan............................	159
Illus. 221	Avalokitesvara with a Jade Seal, No. 274, Fowan, Beishan ...	160
Illus. 222	Illustrations to Episodes from the *Bhaisajyaguru Sutra*, No. 279, Fowan, Beishan...	161
Illus. 223	Illustrations to Episodes from the *Bhaisajyaguru Sutra*, No. 279, Fowan, Beishan...	162
Illus. 224	Twelve Heavenly Generals, Illustrations to Episodes from the *Bhaisajyaguru Sutra*, No. 279, Fowan, Beishan	163
Illus. 225	Detail, Twelve Heavenly Generals, Illustrations to Episodes from the *Bhaisajyaguru Sutra*, No. 279, Fowan, Beishan	163
Illus. 226	Sutra Pillar, Twelve Heavenly Generals, Illustrations to Episodes from the *Bhaisajyaguru Sutra*, No. 279, Fowan, Beishan	164
Illus. 227	Illustrations to Episodes from the *Bhaisajyaguru Sutra*, No. 281, Fowan, Beishan...	164
Illus. 228	Duobao Pagoda, Beishan...	165
Illus. 229	Duobao Pagoda, Beishan...	165
Illus. 230	Duobao Pagoda, Beishan...	166
Illus. 231	Duobao Pagoda, Beishan...	166
Illus. 232	Duobao Pagoda, Beishan...	167
Illus. 233	Duobao Pagoda, Beishan...	167
Illus. 234	Duobao Pagoda, Beishan...	168
Illus. 235	Duobao Pagoda, Beishan...	169
Illus. 236	Duobao Pagoda, Beishan...	170
Illus. 237	Duobao Pagoda, Beishan...	171
Illus. 238	Duobao Pagoda, Beishan...	172
Illus. 239	Detail, Duobao Pagoda, Beishan	172
Illus. 240	Exterior Details, Duobao Pagoda, Beishan........................	173
Illus. 241	Exterior Details, Duobao Pagoda, Beishan........................	173
Illus. 242	Nos. 1 and 2, Duobao Pagoda, Beishan	174
Illus. 243	Right Wall, Nos. 1 and 2, Duobao Pagoda, Beishan	175
Illus. 244	Left Wall, Nos. 1 and 2, Duobao Pagoda, Beishan	176
Illus. 245	No. 3, Duobao Pagoda, Beishan	177
Illus. 246	No. 4, Duobao Pagoda, Beishan	178
Illus. 247	No. 6, Duobao Pagoda, Beishan	179
Illus. 248	Primary Bodhisattva on the Back wall, No. 7, Duobao Pagoda, Beishan	179
Illus. 249	No. 8, Duobao Pagoda, Beishan	180
Illus. 250	No. 8, Duobao Pagoda, Beishan	180
Illus. 251	No. 8, Duobao Pagoda, Beishan	181
Illus. 252	No. 9, Duobao Pagoda, Beishan	181
Illus. 253	No. 9, Duobao Pagoda, Beishan	182
Illus. 254	No. 11, Duobao Pagoda, Beishan	182
Illus. 255	No. 12, Duobao Pagoda, Beishan	183
Illus. 256	No. 13, Duobao Pagoda, Beishan	183
Illus. 257	No. 14, Duobao Pagoda, Beishan	184
Illus. 258	No. 15, Duobao Pagoda, Beishan	184
Illus. 259	Water-moon Avalokitesvara on the Back wall, No. 15, Duobao Pagoda, Beishan	185
Illus. 260	No. 17, Duobao Pagoda, Beishan	185
Illus. 261	No. 22, Duobao Pagoda, Beishan	186
Illus. 262	No. 33, Duobao Pagoda, Beishan	186
Illus. 263	No. 38, Duobao Pagoda, Beishan	187
Illus. 264	No. 38, Duobao Pagoda, Beishan	187
Illus. 265	No. 50, Duobao Pagoda, Beishan	188
Illus. 266	No. 55, Duobao Pagoda, Beishan	188
Illus. 267	No. 58, Duobao Pagoda, Beishan	189
Illus. 268	No. 58, Duobao Pagoda, Beishan	189
Illus. 269	No. 63, Duobao Pagoda, Beishan	190
Illus. 270	No. 70, Duobao Pagoda, Beishan	190
Illus. 271	No. 131, Duobao Pagoda, Beishan	191
Illus. 272	Detail, Southeast Exterior, First Floor, Duobao Pagoda, Beishan	191
Illus. 273	Detail, Southeast Exterior, First Floor, Duobao Pagoda, Beishan	191
Illus. 274	Qing-dynasty Tomb Pagoda, South of the Duobao Pagoda, Beishan...	192
Illus. 275	Qing-dynasty Tomb Pagoda, South of the Duobao Pagoda, Beishan...	192
Illus. 276	Entranceway of the Bao'en (Beita) Temple, Beishan	193
Illus. 277	Detail of the Bao'en (Beita) Temple, Beishan	193
Illus. 278	Detail of the Bao'en (Beita) Temple, Beishan	193
Illus. 279	Bao'en (Beita) Temple, Beishan	194
Illus. 280	Laozi, No. 8, Shizhuanshan	195
Illus. 281	Great Emperor with Five Spiritual Powers, No. 7, Shimenshan	196

Illus. 282	Back Wall, Cave of Three Sovereigns, No. 10, Shimenshan	197
Illus. 283	Central Figure, Three Earth-mothers, No. 4, Nanshan	198
Illus. 284	Left Figure, Three Earth-mothers, No. 4, Nanshan	199
Illus. 285	Attendant Figure, Three Earth-mothers, No. 4, Nanshan	200
Illus. 286	Right Wall Carvings, Three Earth-mothers, No. 4, Nanshan	201
Illus. 287	Detail, No. 6, Nanshan	202
Illus. 288	Dragon Cave, No. 15, Nanshan	202
Illus. 289	Dragon Cave, No. 15, Nanshan	203
Illus. 290	Detail, Dafowan, Baodingshan	204
Illus. 291	Detail, Dafowan, Baodingshan	204
Illus. 292	Detail, Dafowan, Baodingshan	205
Illus. 293	Detail, Dafowan, Baodingshan	205
Illus. 294	Detail, Dafowan, Baodingshan	206
Illus. 295	Detail, Dafowan, Baodingshan	206
Illus. 296	Detail, Dafowan, Baodingshan	207
Illus. 297	Detail, Dafowan, Baodingshan	207
Illus. 298	Detail, Dafowan, Baodingshan	208
Illus. 299	Detail, Dafowan, Baodingshan	209
Illus. 300	Detail, Dafowan, Baodingshan	210
Illus. 301	Detail, Dafowan, Baodingshan	211
Illus. 302	Original Entrance of the Dafowan, Baodingshan	212
Illus. 303	Dafowan, Baodingshan	213
Illus. 304	Protectors of the Buddhist Teachings, No. 2, Dafowan, Baodingshan	214
Illus. 305	Protectors of the Buddhist Teachings, No. 2, Dafowan, Baodingshan	214
Illus. 306	Detail, Protectors of the Buddhist Teachings, No. 2, Dafowan, Baodingshan	215
Illus. 307	Detail, Protectors of the Buddhist Teachings, No. 2, Dafowan, Baodingshan	215
Illus. 308	Detail, Vast Jeweled Pavilion, No. 4, Dafowan, Baodingshan	216
Illus. 309	Detail, Vast Jeweled Pavilion, No. 4, Dafowan, Baodingshan	216
Illus. 310	Three Worthies of Huayan, No. 5, Dafowan, Baodingshan	217
Illus. 311	Three Worthies of Huayan, No. 5, Dafowan, Baodingshan	217
Illus. 312	Thousand-handed and Thousand-eyed Avalokitesvara, No. 8, Dafowan, Baodingshan	218
Illus. 313	Thousand-handed and Thousand-eyed Avalokitesvara, No. 8, Dafowan, Baodingshan	219
Illus. 314	Thousand-handed and Thousand-eyed Avalokitesvara, No. 8, Dafowan, Baodingshan	220
Illus. 315	Thousand-handed and Thousand-eyed Avalokitesvara, No. 8, Dafowan, Baodingshan	221
Illus. 316	Sakyamuni's Parinirvana, No. 11, Dafowan, Baodingshan	222
Illus. 317	Sakyamuni's Parinirvana, No. 11, Dafowan, Baodingshan	223
Illus. 318	Detail, Sakyamuni's Parinirvana, No. 11, Dafowan, Baodingshan	224
Illus. 319	Detail, Sakyamuni's Parinirvana, No. 11, Dafowan, Baodingshan	224
Illus. 320	Detail, Sakyamuni's Parinirvana, No. 11, Dafowan, Baodingshan	225
Illus. 321	Detail, Sakyamuni's Parinirvana, No. 11, Dafowan, Baodingshan	226
Illus. 322	Sakyamuni's Parinirvana, No. 11, Dafowan, Baodingshan	227
Illus. 323	Research Group Photo Taken in 1945 in front of No. 11 of the Dafowan, Baodingshan	227
Illus. 324	Sakyamuni's Parinirvana, No. 11, Dafowan, Baodingshan	228
Illus. 325	Detail, Sakyamuni's Parinirvana, No. 11, Dafowan, Baodingshan	229
Illus. 326	Disciple Figure, Sakyamuni's Parinirvana, No. 11, Dafowan, Baodingshan	230
Illus. 327	Disciple Figure, Sakyamuni's Parinirvana, No. 11, Dafowan, Baodingshan	231
Illus. 328	Retinue, Sakyamuni's Parinirvana, No. 11, Dafowan, Baodingshan	232
Illus. 329	Retinue, Sakyamuni's Parinirvana, No. 11, Dafowan, Baodingshan	232
Illus. 330	Retinue, Sakyamuni's Parinirvana, No. 11, Dafowan, Baodingshan	233
Illus. 331	Nine Dragons Bathing the Prince, No. 12, Dafowan, Baodingshan	233
Illus. 332	Nine Dragons Bathing the Prince, No. 12, Dafowan, Baodingshan	234
Illus. 333	Illustrations to Episodes from the *Scripture on the Peacock King*, No. 13, Dafowan, Baodingshan	235
Illus. 334	Detail, Illustrations to Episodes from the *Scripture on the Peacock King*, No. 13, Dafowan, Baodingshan	236
Illus. 335	Detail, Illustrations to Episodes from the *Scripture on the Peacock King*, No. 13, Dafowan, Baodingshan	237
Illus. 336	Heavenly King, Vairocana's Bhodimanda, No. 14, Dafowan, Baodingshan	238
Illus. 337	Buddha, Vairocana's Bhodimanda, No. 14, Dafowan, Baodingshan	239
Illus. 338	Buddha Head, Vairocana's Bhodimanda, No. 14, Dafowan, Baodingshan	240
Illus. 339	Buddha, Vairocana's Bhodimanda, No. 14, Dafowan, Baodingshan	241

Illus. 340	Buddha Head, Vairocana's Bhodimanda, No. 14, Dafowan, Baodingshan	242
Illus. 341	Detail, Illustrations to Episodes from the *Scripture on Parental Kindness*, No. 15, Dafowan, Baodingshan	243
Illus. 342	Detail, Illustrations to Episodes from the *Scripture on Parental Kindness*, No. 15, Dafowan, Baodingshan	243
Illus. 343	Episode of Placing the Child on the Dry Side and Lying on the Wet, Illustrations to Episodes from the *Scripture on Parental Kindness*, No. 15, Dafowan, Baodingshan	244
Illus. 344	Episode of Forgetting the Pains of Childbirth, Illustrations to Episodes from the *Scripture on Parental Kindness*, No. 15, Dafowan, Baodingshan	244
Illus. 345	Episode of Pining After a Faraway Child, Illustrations to Episodes from the *Scripture on Parental Kindness*, No. 15, Dafowan, Baodingshan	245
Illus. 346	Episode of Pining After a Faraway Child, Illustrations to Episodes from the *Scripture on Parental Kindness*, No. 15, Dafowan, Baodingshan	245
Illus. 347	Detail, Sound of Thunder Tableau, No. 16, Dafowan, Baodingshan	246
Illus. 348	God of Wind, Sound of Thunder Tableau, No. 16, Dafowan, Baodingshan	247
Illus. 349	God of Wind, Sound of Thunder Tableau, No. 16, Dafowan, Baodingshan	248
Illus. 350	Buddha, Illustrations to Episodes from the *Scripture on the Buddha Requiting Parental Kindness Through Skillful Means*, No. 17, Dafowan, Baodingshan	248
Illus. 351	Detail, Illustrations to Episodes from the *Scripture on the Buddha Requiting Parental Kindness Through Skillful Means*, No. 17, Dafowan, Baodingshan	249
Illus. 352	Six Heretics, Illustrations to Episodes from the *Scripture on the Buddha Requiting Parental Kindness Through Skillful Means*, No. 17, Dafowan, Baodingshan	249
Illus. 353	Detail, Six Heretics, Illustrations to Episodes from the *Scripture on the Buddha Requiting Parental Kindness Through Skillful Means*, No. 17, Dafowan, Baodingshan	250
Illus. 354	Detail, Six Heretics, Illustrations to Episodes from the *Scripture on the Buddha Requiting Parental Kindness Through Skillful Means*, No. 17, Dafowan, Baodingshan	250
Illus. 355	Detail, Six Heretics, Illustrations to Episodes from the *Scripture on the Buddha Requiting Parental Kindness Through Skillful Means*, No. 17, Dafowan, Baodingshan	251
Illus. 356	Detail, Six Heretics, Illustrations to Episodes from the *Scripture on the Buddha Requiting Parental Kindness Through Skillful Means*, No. 17, Dafowan, Baodingshan	252
Illus. 357	Flute Player, Illustrations to Episodes from the *Scripture on the Buddha Requiting Parental Kindness Through Skillful Means*, No. 17, Dafowan, Baodingshan	253
Illus. 358	Flute Player, Illustrations to Episodes from the *Scripture on the Buddha Requiting Parental Kindness Through Skillful Means*, No. 17, Dafowan, Baodingshan	253
Illus. 359	Sakyamuni Carrying His Father's Coffin, Illustrations to Episodes from the *Scripture on the Buddha Requiting Parental Kindness Through Skillful Means*, No. 17, Dafowan, Baodingshan	254
Illus. 360	Sakyamuni Carrying His Father's Coffin, Illustrations to Episodes from the *Scripture on the Buddha Requiting Parental Kindness Through Skillful Means*, No. 17, Dafowan, Baodingshan	254
Illus. 361	Detail, Sakyamuni Carrying His Father's Coffin, Illustrations to Episodes from the *Scripture on the Buddha Requiting Parental Kindness Through Skillful Means*, No. 17, Dafowan, Baodingshan	255
Illus. 362	Detail, Illustrations to Episodes from the *Scripture on the Buddha Requiting Parental Kindness Through Skillful Means*, No. 17, Dafowan, Baodingshan	256
Illus. 363	Detail, Illustrations to Episodes from the *Scripture on the Buddha Requiting Parental Kindness Through Skillful Means*, No. 17, Dafowan, Baodingshan	257
Illus. 364	Detail, Illustrations to Episodes from the *Scripture on the Buddha Requiting Parental Kindness Through Skillful Means*, No. 17, Dafowan, Baodingshan	258
Illus. 365	Detail, Illustrations to Episodes from the *Scripture on the Buddha Requiting Parental Kindness Through Skillful Means*, No. 17, Dafowan, Baodingshan	259
Illus. 366	Illustrations to Episodes from the *Amitayur-dhyana Sutra*, No. 18, Dafowan, Baodingshan	259
Illus. 367	Illustrations to Episodes from the *Amitayur-dhyana Sutra*, Dafowan, Baodingshan	260
Illus. 368	Detail, Illustrations to Episodes from the *Amitayur-dhyana Sutra*, No. 18, Dafowan, Baodingshan	260
Illus. 369	Detail, Illustrations to Episodes from the *Amitayur-dhyana Sutra*, No. 18, Dafowan, Baodingshan	261
Illus. 370	Detail, Illustrations to Episodes from the *Amitayur-dhyana Sutra*, No. 18, Dafowan, Baodingshan	261
Illus. 371	Detail, Illustrations to Episodes from the *Amitayur-dhyana Sutra*, No. 18, Dafowan, Baodingshan	262
Illus. 372	Kalavinka, Illustrations to Episodes from the *Amitayur-dhyana Sutra*, No. 18, Dafowan, Baodingshan	262
Illus. 373	Bodhisattva, Illustrations to Episodes from the *Amitayur-dhyana Sutra*, No. 18, Dafowan, Baodingshan	263

Illus. 374	Boy, Illustrations to Episodes from the *Amitayur-dhyana Sutra*, No. 18, Dafowan, Baodingshan	263
Illus. 375	Boy, Illustrations to Episodes from the *Amitayur-dhyana Sutra*, No. 18, Dafowan, Baodingshan	264
Illus. 376	Detail, Illustrations to Episodes from the *Amitayur-dhyana Sutra*, No. 18, Dafowan, Baodingshan	264
Illus. 377	Detail, Illustrations to Episodes from the *Amitayur-dhyana Sutra*, No. 18, Dafowan, Baodingshan	265
Illus. 378	Detail, Illustrations to Episodes from the *Amitayur-dhyana Sutra*, No. 18, Dafowan, Baodingshan	266
Illus. 379	Detail, Illustrations to Episodes from the *Amitayur-dhyana Sutra*, No. 18, Dafowan, Baodingshan	267
Illus. 380	Detail, Illustrations to Episodes from the *Amitayur-dhyana Sutra*, No. 18, Dafowan, Baodingshan	268
Illus. 381	Detail, Illustrations to Episodes from the *Amitayur-dhyana Sutra*, No. 18, Dafowan, Baodingshan	269
Illus. 382	Detail, Hell Tribunal Tableau, No. 20, Dafowan, Baodingshan	269
Illus. 383	Detail, Hell Tribunal Tableau, No. 20, Dafowan, Baodingshan	270
Illus. 384	Detail, Hell Tribunal Tableau, No. 20, Dafowan, Baodingshan	270
Illus. 385	Detail, Hell of the Blade Mountain, Hell Tribunal Tableau, No. 20, Dafowan, Baodingshan	271
Illus. 386	Detail, Hell of the Boiling Cauldron, Hell Tribunal Tableau, No. 20, Dafowan, Baodingshan	271
Illus. 387	Detail, Hell of the Boiling Cauldron, Hell Tribunal Tableau, No. 20, Dafowan, Baodingshan	272
Illus. 388	Detail, Hell of Poisonous Snakes, Hell Tribunal Tableau, No. 20, Dafowan, Baodingshan	272
Illus. 389	Detail, Hell of Hungry Ghosts, Hell Tribunal Tableau, No. 20, Dafowan, Baodingshan	273
Illus. 390	Detail, Hell of the Severing Saw, Hell Tribunal Tableau, No. 20, Dafowan, Baodingshan	273
Illus. 391	Detail, Hell of Bitter Cold Ice, Hell Tribunal Tableau, No. 20, Dafowan, Baodingshan	274
Illus. 392	Detail, Hell of Bitter Cold Ice, Hell Tribunal Tableau, No. 20, Dafowan, Baodingshan	274
Illus. 393	Detail, Hell of Bitter Cold Ice, Hell Tribunal Tableau, No. 20, Dafowan, Baodingshan	275
Illus. 394	Detail, Hell of Bitter Cold Ice, Hell Tribunal Tableau, No. 20, Dafowan, Baodingshan	276
Illus. 395	Detail, Hell of the Iron Bed, Hell Tribunal Tableau, No. 20, Dafowan, Baodingshan	277
Illus. 396	Detail, Hell of the Iron Bed, Hell Tribunal Tableau, No. 20, Dafowan, Baodingshan	278
Illus. 397	Detail, Hell of the Iron Bed, Hell Tribunal Tableau, No. 20, Dafowan, Baodingshan	278
Illus. 398	Detail, Hell of the Iron Bed, Hell Tribunal Tableau, No. 20, Dafowan, Baodingshan	279
Illus. 399	Detail, Hell of Filing and Grinding, Hell Tribunal Tableau, No. 20, Dafowan, Baodingshan	280
Illus. 400	Detail, Hell of Filing and Grinding, Hell Tribunal Tableau, No. 20, Dafowan, Baodingshan	280
Illus. 401	Detail, Hell of Darkness, Hell Tribunal Tableau, No. 20, Dafowan, Baodingshan	281
Illus. 402	Detail, Hell of Darkness, Hell Tribunal Tableau, No. 20, Dafowan, Baodingshan	281
Illus. 403	Detail, Hell of Breaking the Knees, Hell Tribunal Tableau, No. 20, Dafowan, Baodingshan	282
Illus. 404	Hell of Breaking the Knees, Hell Tribunal Tableau, No. 20, Dafowan, Baodingshan	282
Illus. 405	Detail, Hell of Breaking the Knees, Hell Tribunal Tableau, No. 20, Dafowan, Baodingshan	283
Illus. 406	Hell of Breaking the Knees, Hell Tribunal Tableau, No. 20, Dafowan, Baodingshan	283
Illus. 407	Detail, Hell of Breaking the Knees, Hell Tribunal Tableau, No. 20, Dafowan, Baodingshan	284
Illus. 408	Detail, Hell of Breaking the Knees, Hell Tribunal Tableau, No. 20, Dafowan, Baodingshan	284
Illus. 409	Detail, Hell of Breaking the Knees, Hell Tribunal Tableau, No. 20, Dafowan, Baodingshan	285
Illus. 410	Detail, Hell of Breaking the Knees, Hell Tribunal Tableau, No. 20, Dafowan, Baodingshan	285
Illus. 411	Detail, Hell of Breaking the Knees, Hell Tribunal Tableau, No. 20, Dafowan, Baodingshan	286
Illus. 412	Detail, Hell of Breaking the Knees, Hell Tribunal Tableau, No. 20, Dafowan, Baodingshan	286
Illus. 413	Detail, Hell of Breaking the Knees, Hell Tribunal Tableau, No. 20, Dafowan, Baodingshan	287
Illus. 414	Detail, Hell of Breaking the Knees, Hell Tribunal Tableau, No. 20, Dafowan, Baodingshan	287
Illus. 415	Detail, Hell of Breaking the Knees, Hell Tribunal Tableau, No. 20, Dafowan, Baodingshan	288
Illus. 416	Detail, Hell of Breaking the Knees, Hell Tribunal Tableau, No. 20, Dafowan, Baodingshan	288
Illus. 417	Detail, Hell of Breaking the Knees, Hell Tribunal Tableau, No. 20, Dafowan, Baodingshan	289

Illus. 418	Detail, Hell of Breaking the Knees, Hell Tribunal Tableau, No. 20, Dafowan, Baodingshan	289
Illus. 419	Detail, Hell of Breaking the Knees, Hell Tribunal Tableau, No. 20, Dafowan, Baodingshan	290
Illus. 420	Detail, Hell of Breaking the Knees, Hell Tribunal Tableau, No. 20, Dafowan, Baodingshan	290
Illus. 421	Detail, Hell of Breaking the Knees, Hell Tribunal Tableau, No. 20, Dafowan, Baodingshan	291
Illus. 422	Detail, Hell of Breaking the Knees, Hell Tribunal Tableau, No. 20, Dafowan, Baodingshan	291
Illus. 423	Head of the Poultry Maiden, Hell Tribunal Tableau, No. 20, Dafowan, Baodingshan	292
Illus. 424	Head of the Poultry Maiden, Hell Tribunal Tableau, No. 20, Dafowan, Baodingshan	292
Illus. 425	Poultry Maiden, Hell Tribunal Tableau, No. 20, Dafowan, Baodingshan	293
Illus. 426	Poultry Maiden, Hell Tribunal Tableau, No. 20, Dafowan, Baodingshan	294
Illus. 427	Head of the Poultry Maiden, Hell Tribunal Tableau, No. 20, Dafowan, Baodingshan	295
Illus. 428	Detail, Hell Tribunal Tableau, No. 20, Dafowan, Baodingshan	295
Illus. 429	Detail, Hell Tribunal Tableau, No. 20, Dafowan, Baodingshan	296
Illus. 430	Detail, Hell of Feces and Filth, Hell Tribunal Tableau, No. 20, Dafowan, Baodingshan	297
Illus. 431	Tableau of Liu Benzun's Ten Austerities, No. 21, Dafowan, Baodingshan	298
Illus. 432	Tableau of Liu Benzun's Ten Austerities, No. 21, Dafowan, Baodingshan	298
Illus. 433	Detail, Tableau of Liu Benzun's Ten Austerities, No. 21, Dafowan, Baodingshan	299
Illus. 434	Tableau of Liu Benzun's Ten Austerities, No. 21, Dafowan, Baodingshan	299
Illus. 435	Tableau of Liu Benzun's Ten Austerities, No. 21, Dafowan, Baodingshan	300
Illus. 436	Detail, Tableau of Liu Benzun's Ten Austerities, No. 21, Dafowan, Baodingshan	301
Illus. 437	Detail, Ten Vidyarajas, No. 22, Dafowan, Baodingshan	301
Illus. 438	Detail, Ten Vidyarajas, No. 22, Dafowan, Baodingshan	302
Illus. 439	Detail, Ten Vidyarajas, No. 22, Dafowan, Baodingshan	302
Illus. 440	Detail, Ten Vidyarajas, No. 22, Dafowan, Baodingshan	303
Illus. 441	Detail, Ten Vidyarajas, No. 22, Dafowan, Baodingshan	303
Illus. 442	Detail, Ten Vidyarajas, No. 22, Dafowan, Baodingshan	304
Illus. 443	Detail, Ten Vidyarajas, No. 22, Dafowan, Baodingshan	304
Illus. 444	Detail, Ten Vidyarajas, No. 22, Dafowan, Baodingshan	305
Illus. 445	Detail, Ten Vidyarajas, No. 22, Dafowan, Baodingshan	305
Illus. 446	Cave of Full Enlightenment, No. 29, Dafowan, Baodingshan	306
Illus. 447	Cave of Full Enlightenment, No. 29, Dafowan, Baodingshan	307
Illus. 448	Kneeling Bodhisattva, Cave of Full Enlightenment, No. 29, Dafowan, Baodingshan	307
Illus. 449	Attendant Figure, Cave of Full Enlightenment, No. 29, Dafowan, Baodingshan	308
Illus. 450	Detail, Cave of Full Enlightenment, No. 29, Dafowan, Baodingshan	308
Illus. 451	Bodhisattva, Cave of Full Enlightenment, No. 29, Dafowan, Baodingshan	309
Illus. 452	Detail, Cave of Full Enlightenment, No. 29, Dafowan, Baodingshan	309
Illus. 453	Bodhisattva, Cave of Full Enlightenment, No. 29, Dafowan, Baodingshan	310
Illus. 454	Bodhisattva Head, Cave of Full Enlightenment, No. 29, Dafowan, Baodingshan	310
Illus. 455	Bodhisattva, Cave of Full Enlightenment, No. 29, Dafowan, Baodingshan	310
Illus. 456	Bodhisattva, Cave of Full Enlightenment, No. 29, Dafowan, Baodingshan	311
Illus. 457	Monk Holding an Alms Bowl, Cave of Full Enlightenment, No. 29, Dafowan, Baodingshan	311
Illus. 458	Detail, Oxherding Tableau, No. 30, Dafowan, Baodingshan	312
Illus. 459	Detail, Oxherding Tableau, No. 30, Dafowan, Baodingshan	312
Illus. 460	Detail, Oxherding Tableau, No. 30, Dafowan, Baodingshan	313
Illus. 461	Detail, Oxherding Tableau, No. 30, Dafowan, Baodingshan	313
Illus. 462	Detail, Oxherding Tableau, No. 30, Dafowan, Baodingshan	314
Illus. 463	Detail, Oxherding Tableau, No. 30, Dafowan, Baodingshan	314
Illus. 464	Detail, Oxherding Tableau, No. 30, Dafowan, Baodingshan	315
Illus. 465	Detail, Oxherding Tableau, No. 30, Dafowan, Baodingshan	315
Illus. 466	Detail, Oxherding Tableau, No. 30, Dafowan, Baodingshan	316
Illus. 467	Detail, Oxherding Tableau, No. 30, Dafowan, Baodingshan	316
Illus. 468	Detail, Oxherding Tableau, No. 30, Dafowan, Baodingshan	317
Illus. 469	Detail, Oxherding Tableau, No. 30, Dafowan, Baodingshan	317
Illus. 470	Detail, Oxherding Tableau, No. 30, Dafowan, Baodingshan	318
Illus. 471	Detail, Oxherding Tableau, No. 30, Dafowan, Baodingshan	318
Illus. 472	Detail, Oxherding Tableau, No. 30, Dafowan, Baodingshan	319
Illus. 473	Detail, Oxherding Tableau, No. 30, Dafowan, Baodingshan	319
Illus. 474	Detail, Oxherding Tableau, No. 30, Dafowan, Baodingshan	320
Illus. 475	Detail, Oxherding Tableau, No. 30, Dafowan, Baodingshan	320
Illus. 476	Detail, Oxherding Tableau, No. 30, Dafowan, Baodingshan	321

Illus. 477	Detail, Oxherding Tableau, No. 30, Dafowan, Baodingshan …	321
Illus. 478	Detail, Oxherding Tableau, No. 30, Dafowan, Baodingshan …	322
Illus. 479	Detail, Oxherding Tableau, No. 30, Dafowan, Baodingshan …	322
Illus. 480	Detail, Oxherding Tableau, No. 30, Dafowan, Baodingshan …	323
Illus. 481	Licchavi Woman, No. 31, Dafowan, Baodingshan	323
Illus. 482	Scripture Index Pagoda, No. 1, Xiaofowan, Baodingshan	324
Illus. 483	Detail, Scripture Index Pagoda, No. 1, Xiaofowan, Baodingshan	324
Illus. 484	Detail of the Left Exterior Wall, Vairocana Sanctum, Cave 9, Xiaofowan, Baodingshan	325
Illus. 485	Incense Burner, Xiaofowan, Baodingshan	326
Illus. 486	Revolving Dharma Wheel Pagoda, Baodingshan	326
Illus. 487	Revolving Dharma Wheel Pagoda, Baodingshan	327
Illus. 488	Bodhisattva, First Floor, Revolving Dharma Wheel Pagoda, Baodingshan	328
Illus. 489	Bodhisattva, First Floor, Revolving Dharma Wheel Pagoda, Baodingshan	329
Illus. 490	Buddha, Second Floor, Revolving Dharma Wheel Pagoda, Baodingshan	330
Illus. 491	Buddha, Second Floor, Revolving Dharma Wheel Pagoda, Baodingshan	331
Illus. 492	Relic Pagoda of Sakyamuni, Baodingshan	332
Illus. 493	Detail, Relic Pagoda of Sakyamuni, Baodingshan	333
Illus. 494	Relic Pagoda of Sakyamuni, Baodingshan	333
Illus. 495	Gao-guanyin, Baodingshan	334
Illus. 496	Vimalakirti Summit, Shengshou Temple, Baodingshan	334
Illus. 497	Entranceway of the Shengshou Temple, Baodingshan	335
Illus. 498	Detail, Shengshou Temple, Baodingshan	335
Illus. 499	View in Front of the Entranceway of the Shengshou Temple, Baodingshan	336
Illus. 500	Shengji Pond, Baodingshan	336
Illus. 501	Buddha Footprints, Shengji Pond, Baodingshan	337
Illus. 502	View in Front of the Wansui Tower, Baodingshan	337

编辑出版说明

本卷主要收载具有代表性的大足石刻历史图版 500 余帧，旨在为读者了解大足石刻历史状况提供部分参考资料。

一、收载时限

本卷主要收载 20 世纪 30 年代至 60 年代拍摄的已公开发表或未发表的大足石刻图片。其后拍摄者，除极个别具有重要参考价值外，其他均未收入。

二、图片来源

目前所见大足石刻摄影图片，最早见于 1935 年 3 月出版的《东方杂志》第 32 卷第 5 号，其中刊登了刘蕴华拍摄的大足北山、宝顶山石窟图片 8 张。1940 年 1 月，梁思成、刘敦桢、陈明达、莫宗江等中国营造学社部分成员在大足考察期间，拍摄北山、宝顶山石窟图片近 200 帧，至 21 世纪初方陆续刊布在梁思成《佛像的历史》（中国青年出版社，2014 年）、《梁思成全集》（中国建筑工业出版社，2001 年）、《刘敦桢全集》（中国建筑工业出版社，2007 年）等著作中。1945 年，以杨家骆为首的"大足石刻考察团"在大足考察时，曾拍摄影片 1 部，照片 200 帧（吴显齐《大足石刻考察团日记》，载《民国重修大足县志》卷首）。惜虽经多方查找，目前所见除少量刊布在《民国重修大足县志》卷首《大足石刻图征初编》、杨家骆《中华民国三十四年大足唐宋石刻六千二百十六躯的发现》（中华学术院中国学术史研究所，1968 年）等书籍中外，无更多发现。此外，《旅行杂志》1946 年 7 月号第 20 卷第 7 期载王仲博《大足石刻参礼》一文，文中刊布大足石刻图片 7 帧。

1957 年，朝花美术出版社出版由傅扬主编的《大足石刻》一书，刊布图片 20 帧。据前言，该书照片由人民画报社宋学广拍摄，封面照片由西南美术专科学校李巳生拍摄。1959 年，文物出版社出版由中国美术家协会四川石刻考察团编的《大足石刻》一书，刊布图片 95 帧。据前言，该书照片系 1956 年底中国美术家协会组织的"四川省古代石刻考察团"的同志们所拍摄。1961 年，上海美术出版社出版由荫远著文、本社编的《大足石刻》活页图录，刊布图片 20 帧，其中，大足 16 帧，成都王建墓、广元和安岳石窟共 4 帧。1962 年，朝花美术出版社出版由四川美术学院雕塑系编的《大足石刻》大型图录，刊布图片 205 帧，为此期最为丰富者。据前言，该书图片有 10 帧系雷震于 20 世纪 50 年代初拍摄，有 69 帧系人民画报社宋学广拍摄，其余由李巳生等拍摄。此外，蒋美华发表在《文物参考资料》1955 年第 9 期的《四川大足县石刻》，李巳生、宋学广发表在《人民画报》1956 年 4 月号的《大足石刻》，张松鹤、刘荣夫和林家长发表在《美术》1957 年 6 月号的《丰富多彩的四川古代石刻艺术》，刘荣夫、范文龙发表在《新观察》1957 年第 11 期的《大足石刻艺术》等文中，均刊布少量大足石刻图片。

本卷历史图版，主要来源于上述已经公开发表的出版物。其余部分系根据线索，寻找到相关当事人，由当事人提供当年拍摄者所拍图片，首次收入本书中。

三、编排顺序

本卷图版以北山（含多宝塔）、石篆山、石门山、南山、宝顶山石窟为序，每处石窟又按龛窟号从小号至大号排列；每个龛窟或每尊像有多张图片者，则主要以图片拍摄时间先后为序，同时兼顾版式需要。

四、图版说明

本卷图版每张均配图版说明，简要注明图片所在地点、龛窟编号、摄影时间、摄影者、图片来源等相关信息。其中，部分图片的拍摄时间无法具体确定，读者可通过图版说明和采自书籍的出版时间，大致确定其年代。对于有具体摄影者的图片，皆明确注明；因采自书籍中的图片多数为合著，难以具体确定每张图片的拍摄者，甚至个别图片拍摄者不详，故图版说明中仅注明图片来源，包括书籍名称、出版者、出版时间、当年图片拍摄的组织或机构等。

五、其他说明

大足石刻历史图片资料涉及的时间跨度较长，书刊较多，且年代久远，时过境迁，物是人非，虽经多方努力，但未能与大多数摄影者及其后人取得联系。此非编者、出版者恶意所为，特恳请理解，并向原图片作者深致谢意。请摄影者或摄影者后人见书后及时与重庆出版社联系，以便按国家规定支付稿酬。

在本卷图片资料收集过程中，得到清华大学建筑系及林洙教授热心帮助和大力支持，谨致衷心感谢。

图版1　北山佛湾南区第49—55号
中国营造学社梁思成、刘敦桢等拍摄于1940年

图版2　北山佛湾北区第128—136号
中国营造学社梁思成、刘敦桢等拍摄于1940年

图版 3　北山佛湾北区第 176—184 号
中国营造学社梁思成、刘敦桢等拍摄于 1940 年

图版 4　北山佛湾北区第 269—281 号
中国营造学社梁思成、刘敦桢等拍摄于 1940 年

图版 5　北山佛湾北区局部
采自四川美术学院雕塑系编《大足石刻》，朝花美术出版社，1962 年

图版 6　北山佛湾北区局部
采自四川美术学院雕塑系编《大足石刻》，朝花美术出版社，1962 年

图版 7　北山佛湾石窟外景
采自大足县文物保管所等编《大足石刻》，四川人民出版社，1981 年

图版 8　北山佛湾北区局部
采自大足县文物保管所等编《大足石刻》，四川人民出版社，1981年

图版 9　北山佛湾第 1 号韦君靖龛
刘蕴华拍摄　采自《东方杂志》第 32 卷第 5 号，1935 年 3 月

图版 10　北山佛湾第 1 号韦君靖龛
1945 年拍摄　采自《民国重修大足县志》卷首《大足石刻图征初编》，1946 年

图版 11　北山佛湾第 3 号毗沙门天王龛
中国营造学社梁思成、刘敦桢等拍摄于 1940 年

图版 12　北山佛湾第 5 号毗沙门天王龛
中国营造学社梁思成、刘敦桢等拍摄于 1940 年

图版13　北山佛湾第5号毗沙门天王龛左壁造像
中国营造学社梁思成、刘敦桢等拍摄于1940年

图版 14　北山佛湾第 5 号毗沙门天王龛左壁造像
中国营造学社梁思成、刘敦桢等拍摄于 1940 年

图版 15　北山佛湾第 5 号毗沙门天王龛

1956 年拍摄　采自中国美术家协会四川石刻考察团编《大足石刻》，文物出版社，1959 年

图版 16　北山佛湾第 5 号毗沙门天王龛左壁造像

1956 年拍摄　采自中国美术家协会四川石刻考察团编《大足石刻》，文物出版社，1959 年

图版 17　北山佛湾第 5 号毗沙门天王龛左壁造像

采自四川美术学院雕塑系编《大足石刻》，朝花美术出版社，1962 年

图版 18　北山佛湾第 9 号千手观音龛
中国营造学社梁思成、刘敦桢等拍摄于 1940 年

图版 19　北山佛湾第 9 号千手观音龛

1945 年拍摄　采自杨家骆《中华民国三十四年大足唐宋石刻六千二百十六躯的发见》，
中华学术院中国学术史研究所，1968 年

图版20　北山佛湾第9号千手观音龛右侧壁
中国营造学社梁思成、刘敦桢等拍摄于1940年

图版 21　北山佛湾第 10 号释迦牟尼佛龛观音
采自四川美术学院雕塑系编《大足石刻》，朝花美术出版社，1962 年

图版 22　北山佛湾第 12 号释迦牟尼佛龛
中国营造学社梁思成、刘敦桢等拍摄于 1940 年

图版 23　北山佛湾第 24 号日月光菩萨龛

中国营造学社梁思成、刘敦桢等拍摄于 1940 年

图版 24　北山佛湾第 24 号日月光菩萨龛

采自四川美术学院雕塑系编《大足石刻》，朝花美术出版社，1962 年

图版 25　北山佛湾第 26 号救苦观音龛

采自四川美术学院雕塑系编《大足石刻》，朝花美术出版社，1962 年

图版 26　北山佛湾第 27 号观音龛

采自四川美术学院雕塑系编《大足石刻》，朝花美术出版社，1962 年

图版 27　北山佛湾第 32 号菩萨残像龛

采自四川美术学院雕塑系编《大足石刻》，朝花美术出版社，1962 年

图版 28　北山佛湾第 35 号龛左胁侍菩萨

采自四川美术学院雕塑系编《大足石刻》，朝花美术出版社，1962 年

图版 29　北山佛湾第 36 号十六罗汉龛释迦牟尼佛

采自四川美术学院雕塑系编《大足石刻》，朝花美术出版社，1962 年

图版 30　北山佛湾第 47 号不动明王龛

采自四川美术学院雕塑系编《大足石刻》，朝花美术出版社，1962 年

图版31 北山佛湾第51号三世佛龛

中国营造学社梁思成、刘敦桢等拍摄于1940年

图版 32 北山佛湾第 51 号三世佛龛力士

采自四川美术学院雕塑系编《大足石刻》,朝花美术出版社,1962 年

图版33　北山佛湾第52号阿弥陀佛观音地藏龛

中国营造学社梁思成、刘敦桢等拍摄于1940年

图版 34　北山佛湾第 52 号阿弥陀佛观音地藏龛局部

中国营造学社梁思成、刘敦桢等拍摄于 1940 年

图版 35　北山佛湾第 52 号阿弥陀佛观音地藏龛

采自四川美术学院雕塑系编《大足石刻》，朝花美术出版社，1962 年

图版 36　北山佛湾第 52 号阿弥陀佛观音地藏龛右飞天

采自四川美术学院雕塑系编《大足石刻》，朝花美术出版社，1962 年

图版 37　北山佛湾第 52 号阿弥陀佛观音地藏龛左飞天
采自四川美术学院雕塑系编《大足石刻》，朝花美术出版社，1962 年

图版 38　北山佛湾第 53 号阿弥陀佛观音地藏龛
中国营造学社梁思成、刘敦桢等拍摄于 1940 年

图版 39　北山佛湾第 53 号阿弥陀佛观音地藏龛右飞天
采自四川美术学院雕塑系编《大足石刻》，朝花美术出版社，1962 年

图版 40　北山佛湾第 53 号阿弥陀佛观音地藏龛左飞天
中国营造学社梁思成、刘敦桢等拍摄于 1940 年

图版 41　北山佛湾第 53 号阿弥陀佛观音地藏龛左飞天
采自四川美术学院雕塑系编《大足石刻》，朝花美术出版社，1962 年

图版 42　北山佛湾第 58 号观音地藏龛
中国营造学社梁思成、刘敦桢等拍摄于 1940 年

图版 43　北山佛湾第 58 号观音地藏龛局部
中国营造学社梁思成、刘敦桢等拍摄于 1940 年

大足石刻历史图版　37

图版 44　北山佛湾第 84 号观音龛

中国营造学社梁思成、刘敦桢等拍摄于 1940 年

图版 45　北山佛湾第 84 号观音龛

中国营造学社梁思成、刘敦桢等拍摄于 1940 年

图版 46　北山佛湾第 100 号舍利塔

中国营造学社梁思成、刘敦桢等拍摄于 1940 年

图版47　北山佛湾第106号华严三圣龛右壁飞天
中国营造学社梁思成、刘敦桢等拍摄于1940年

图版 48　北山佛湾第 107 号药师七佛变相局部
采自四川美术学院雕塑系编《大足石刻》，朝花美术出版社，1962 年

图版 49　北山佛湾第 113 号水月观音龛
中国营造学社梁思成、刘敦桢等拍摄于 1940 年

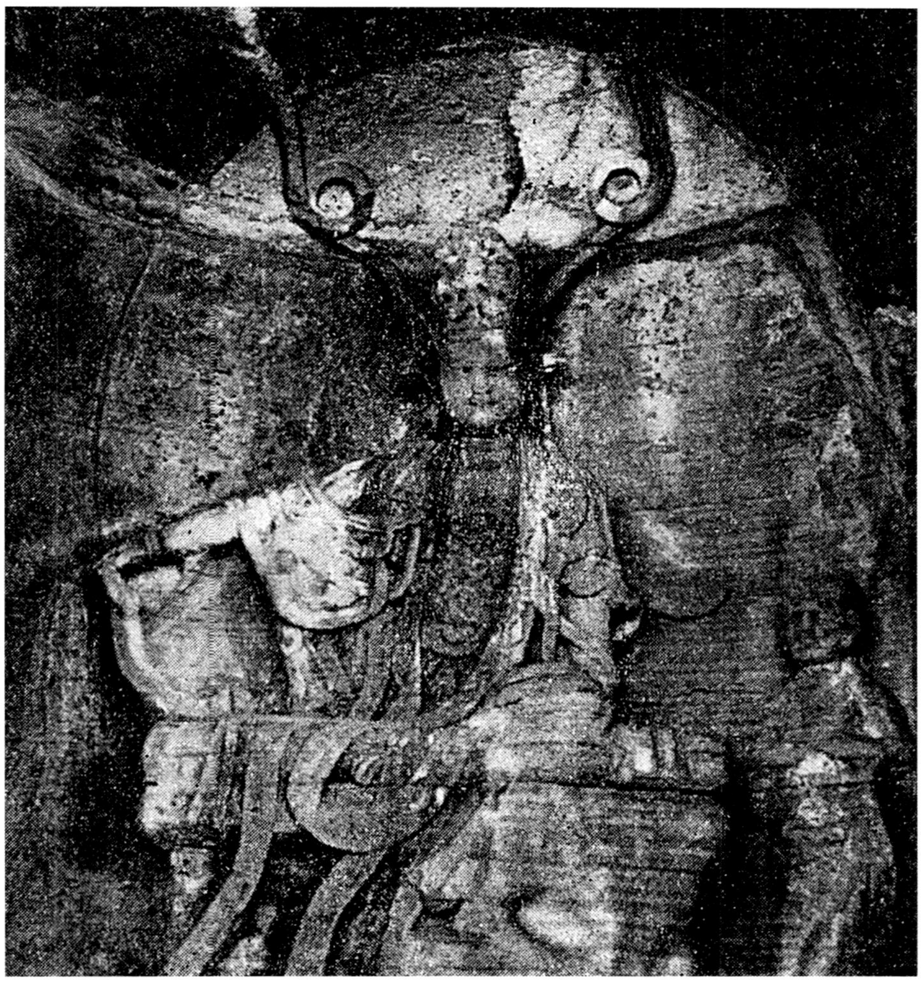

图版50　北山佛湾第113号水月观音龛

1956年拍摄　采自中国美术家协会四川石刻考察团编《大足石刻》，文物出版社，1959年

图版51　北山佛湾第113号水月观音龛

采自四川美术学院雕塑系编《大足石刻》，朝花美术出版社，1962年

图版 52　北山佛湾第 113 号水月观音龛供养人

采自四川美术学院雕塑系编《大足石刻》，朝花美术出版社，1962 年

图版 53　北山佛湾第 118 号玉印观音龛
中国营造学社梁思成、刘敦桢等拍摄于 1940 年

图版 54　北山佛湾第 118 号玉印观音龛观音
中国营造学社梁思成、刘敦桢等拍摄于 1940 年

图版 55　北山佛湾第 118 号玉印观音龛观音
中国营造学社梁思成、刘敦桢等拍摄于 1940 年

图版 56　北山佛湾第 119 号不空羂索观音龛
中国营造学社梁思成、刘敦桢等拍摄于 1940 年

图版 57　北山佛湾第 121 号观音地藏龛右壁上部造像

中国营造学社梁思成、刘敦桢等拍摄于 1940 年

图版 58　北山佛湾第 122 号诃利帝母龛

中国营造学社梁思成、刘敦桢等拍摄于 1940 年

图版59　北山佛湾第122号诃利帝母龛

中国营造学社梁思成、刘敦桢等拍摄于1940年

图版 60　北山佛湾第 122 号诃利帝母龛左壁造像
采自四川美术学院雕塑系编《大足石刻》，朝花美术出版社，1962 年

图版 61　北山佛湾第 122 号诃利帝母龛左壁造像
1940 年拍摄　采自梁思成《佛像的历史》，中国青年出版社，2014 年

图版 62　北山佛湾第 125 号数珠手观音龛
中国营造学社梁思成、刘敦桢等拍摄于 1940 年

图版 63　北山佛湾第 125 号数珠手观音龛
1945 年拍摄　采自杨家骆《中华民国三十四年大足唐宋石刻六千二百十六躯的发见》，
中华学术院中国学术史研究所，1968 年

图版64　北山佛湾第125号数珠手观音龛

1956年拍摄　采自中国美术家协会四川石刻考察团编《大足石刻》，文物出版社，1959年

图版65　北山佛湾第125号数珠手观音头像

1956年拍摄　采自中国美术家协会四川石刻考察团编《大足石刻》，文物出版社，1959年

图版 66　北山佛湾第 125 号数珠手观音龛

采自四川美术学院雕塑系编《大足石刻》，朝花美术出版社，1962 年

图版 67　北山佛湾第 130 号摩利支天龛
中国营造学社梁思成、刘敦桢等拍摄于 1940 年

图版68　北山佛湾第130号摩利支天龛

中国营造学社梁思成、刘敦桢等拍摄于1940年

图版69　北山佛湾第130号摩利支天龛

中国营造学社梁思成、刘敦桢等拍摄于1940年

图版70　北山佛湾第130号摩利支天龛

1945年拍摄　采自杨家骆《中华民国三十四年大足唐宋石刻六千二百十六躯的发见》，中华学术院中国学术史研究所，1968年

图版 71　北山佛湾第 132 号宝珠观音龛

1945 年拍摄　采自杨家骆《中华民国三十四年大足唐宋石刻六千二百十六躯的发见》，中华学术院中国学术史研究所，1968 年

图版 72　北山佛湾第 132 号宝珠观音龛

采自四川美术学院雕塑系编《大足石刻》，朝花美术出版社，1962 年

图版 73　北山佛湾第 133 号水月观音窟
中国营造学社梁思成、刘敦桢等拍摄于 1940 年

图版74　北山佛湾第133号水月观音窟善财

1956年拍摄　采自中国美术家协会四川石刻考察团编《大足石刻》，文物出版社，1959年

图版75　北山佛湾第133号水月观音窟善财

采自四川美术学院雕塑系编《大足石刻》，朝花美术出版社，1962年

图版 76　北山佛湾第 133 号水月观音窟龙女

1956 年拍摄　采自中国美术家协会四川石刻考察团编《大足石刻》，文物出版社，1959 年

图版 77　北山佛湾第 133 号水月观音窟左侧壁
中国营造学社梁思成、刘敦桢等拍摄于 1940 年

图版 78　北山佛湾第 133 号水月观音窟右侧壁
中国营造学社梁思成、刘敦桢等拍摄于 1940 年

图版79　北山佛湾第136号转轮经藏窟

中国营造学社梁思成、刘敦桢等拍摄于1940年

图版 80　北山佛湾第 136 号转轮经藏窟

采自四川美术学院雕塑系编《大足石刻》，朝花美术出版社，1962 年

图版 81　北山佛湾第 136 号转轮经藏窟正壁造像
中国营造学社梁思成、刘敦桢等拍摄于 1940 年

图版 82　北山佛湾第 136 号转轮经藏窟净瓶观音

中国营造学社梁思成、刘敦桢等拍摄于 1940 年

图版 83　北山佛湾第 136 号转轮经藏窟净瓶观音

1956 年拍摄　采自中国美术家协会四川石刻考察团编《大足石刻》，
文物出版社，1959 年

图版 84　北山佛湾第 136 号转轮经藏窟净瓶观音

采自四川美术学院雕塑系编《大足石刻》，朝花美术出版社，1962 年

图版 85　北山佛湾第 136 号转轮经藏窟莲花手观音

中国营造学社梁思成、刘敦桢等拍摄于 1940 年

图版 86　北山佛湾第 136 号转轮经藏窟文殊菩萨
中国营造学社梁思成、刘敦桢等拍摄于 1940 年

图版 87　北山佛湾第 136 号转轮经藏窟文殊菩萨

中国营造学社梁思成、刘敦桢等拍摄于 1940 年

图版 88　北山佛湾第 136 号转轮经藏窟文殊菩萨

1945 年拍摄　采自杨家骆《中华民国三十四年大足唐宋石刻
六千二百十六躯的发现》，中华学术院中国学术史研究所，1968 年

图版 89　北山佛湾第 136 号转轮经藏窟文殊菩萨

采自四川美术学院雕塑系编《大足石刻》，朝花美术出版社，1962 年

图版90　北山佛湾第136号转轮经藏窟文殊菩萨

采自《艺苑掇英》第七期，上海人民美术出版社，1980年

图版91　北山佛湾第136号转轮经藏窟文殊菩萨

采自四川美术学院雕塑系编《大足石刻》，朝花美术出版社，1962年

图版92　北山佛湾第136号转轮经藏窟文殊菩萨童子

采自四川美术学院雕塑系编《大足石刻》，朝花美术出版社，1962年

图版 93　北山佛湾第 136 号转轮经藏窟玉印观音

中国营造学社梁思成、刘敦桢等拍摄于 1940 年

图版 94　北山佛湾第 136 号转轮经藏窟玉印观音

1945 年拍摄　采自杨家骆《中华民国三十四年大足唐宋石刻六千二百十六躯的发见》，
中华学术院中国学术史研究所，1968 年

图版 95　北山佛湾第 136 号转轮经藏窟玉印观音头像

采自四川美术学院雕塑系编《大足石刻》，朝花美术出版社，1962 年

图版 96　北山佛湾第 136 号转轮经藏窟玉印观音
采自四川美术学院雕塑系编《大足石刻》，朝花美术出版社，1962 年

图版 97　北山佛湾第 136 号转轮经藏窟玉印观音侍者

采自四川美术学院雕塑系编《大足石刻》，朝花美术出版社，1962 年

图版98　北山佛湾第136号转轮经藏窟如意珠观音
中国营造学社梁思成、刘敦桢等拍摄于1940年

图版99　北山佛湾第136号转轮经藏窟如意珠观音

1945年拍摄　采自杨家骆《中华民国三十四年大足唐宋石刻六千二百十六躯的发见》，中华学术院中国学术史研究所，1968年

图版100　北山佛湾第136号转轮经藏窟如意珠观音

采自四川美术学院雕塑系编《大足石刻》，朝花美术出版社，1962年

图版 101　北山佛湾第 136 号转轮经藏窟力士

采自四川美术学院雕塑系编《大足石刻》，朝花美术出版社，1962 年

图版 102　北山佛湾第 136 号转轮经藏窟力士

采自白自然编《中国大足石窟》，外文出版社，1985 年

图版103　北山佛湾第136号转轮经藏窟普贤菩萨

中国营造学社梁思成、刘敦桢等拍摄于1940年.

图版104　北山佛湾第136号转轮经藏窟普贤菩萨

1945年拍摄　采自杨家骆《中华民国三十四年大足唐宋石刻六千二百十六躯的发现》，中华学术院中国学术史研究所，1968年

图版 105　北山佛湾第 136 号转轮经藏窟普贤菩萨

采自四川美术学院雕塑系编《大足石刻》，朝花美术出版社，1962 年

图版 106　北山佛湾第 136 号转轮经藏窟普贤菩萨

采自四川美术学院雕塑系编《大足石刻》，朝花美术出版社，1962 年

图版 107　北山佛湾第 136 号转轮经藏窟普贤菩萨头像

采自四川美术学院雕塑系编《大足石刻》，朝花美术出版社，1962 年

图版108　北山佛湾第136号转轮经藏窟日月观音

采自四川美术学院雕塑系编《大足石刻》，朝花美术出版社，1962年

图版 109　北山佛湾第 136 号转轮经藏窟日月观音
1945 年拍摄　采自杨家骆《中华民国三十四年大足唐宋石刻六千二百十六躯的发见》，中华学术院中国学术史研究所，1968 年

图版 110　北山佛湾第 136 号转轮经藏窟日月观音局部
采自四川美术学院雕塑系编《大足石刻》，朝花美术出版社，1962 年

图版 111　北山佛湾第 136 号转轮经藏窟日月观音侍者

采自四川美术学院雕塑系编《大足石刻》，朝花美术出版社，1962 年

图版 112　北山佛湾第 136 号转轮经藏窟日月观音侍者
采自四川美术学院雕塑系编《大足石刻》，朝花美术出版社，1962 年

图版 113　北山佛湾第 136 号转轮经藏窟日月观音侍者头像
采自四川美术学院雕塑系编《大足石刻》，朝花美术出版社，1962 年

图版 114　北山佛湾第 136 号转轮经藏窟右壁造像局部

中国营造学社梁思成、刘敦桢等拍摄于 1940 年

图版 115　北山佛湾第 136 号转轮经藏窟数珠手观音
中国营造学社梁思成、刘敦桢等拍摄于 1940 年

图版 116　北山佛湾第 136 号转轮经藏窟数珠手观音
中国营造学社梁思成、刘敦桢等拍摄于 1940 年

图版117　北山佛湾第136号转轮经藏窟数珠手观音像局部

采自四川美术学院雕塑系编《大足石刻》，朝花美术出版社，1962年

图版118　北山佛湾第136号转轮经藏窟数珠手观音

采自四川美术学院雕塑系编《大足石刻》，朝花美术出版社，1962年

图版 119　北山佛湾第 136 号转轮经藏窟力士

采自四川美术学院雕塑系编《大足石刻》，朝花美术出版社，1962 年

图版 120　北山佛湾第 136 号窟转轮经藏
中国营造学社梁思成、刘敦桢等拍摄于 1940 年

图版 121　北山佛湾第 136 号窟转轮经藏局部
1956 年拍摄　采自中国美术家协会四川石刻考察团编《大足石刻》，文物出版社，1959 年

图版 122　北山佛湾第 136 号窟转轮经藏蟠龙
采自四川美术学院雕塑系编《大足石刻》，朝花美术出版社，1962 年

图版 123　北山佛湾第 137 号维摩诘经变相
采自《民国重修大足县志》卷首《大足石刻图征初编》，1946 年

图版 124　北山佛湾第 155 号孔雀明王窟

中国营造学社梁思成、刘敦桢等拍摄于 1940 年

图版125　北山佛湾第155号孔雀明王窟局部
采自四川美术学院雕塑系编《大足石刻》，朝花美术出版社，1962年

图版126　北山佛湾第155号孔雀明王窟局部
1956年拍摄　采自中国美术家协会四川石刻考察团编《大足石刻》，
文物出版社，1959年

图版127　北山佛湾第168号五百罗汉窟局部
中国营造学社梁思成、刘敦桢等拍摄于1940年

图版128　北山佛湾第168号五百罗汉窟局部
1945年拍摄　采自杨家骆《中华民国三十四年大足唐宋石刻六千二百十六躯的发现》，中华学术院中国学术史研究所，1968年

大足石刻历史图版　97

图版129　北山佛湾第169号金轮炽盛光佛龛

1956年拍摄　采自中国美术家协会四川石刻考察团编《大足石刻》，文物出版社，1959年

图版130　北山佛湾第169号金轮炽盛光佛龛局部

采自四川美术学院雕塑系编《大足石刻》，朝花美术出版社，1962年

图版 131　北山佛湾第 176 号弥勒下生经变相
中国营造学社梁思成、刘敦桢等拍摄于 1940 年

图版 132　北山佛湾第 176 号弥勒下生经变相局部

中国营造学社梁思成、刘敦桢等拍摄于 1940 年

图版 133　北山佛湾第 176 号弥勒下生经变相局部

中国营造学社梁思成、刘敦桢等拍摄于 1940 年

图版 134　北山佛湾第 176 号弥勒下生经变相

1945 年拍摄　采自杨家骆《中华民国三十四年大足唐宋石刻六千二百十六躯的发见》，中华学术院中国学术史研究所，1968 年

图版 135　北山佛湾第 176 号弥勒下生经变相

1956 年拍摄　采自中国美术家协会四川石刻考察团编《大足石刻》，文物出版社，1959 年

图版 136　北山佛湾第 176 号弥勒下生经变相右壁

1945 年拍摄　采自杨家骆《中华民国三十四年大足唐宋石刻六千二百十六躯的发见》，中华学术院中国学术史研究所，1968 年

图版 137　北山佛湾第 176 号弥勒下生经变相右壁局部
1956 年拍摄　采自中国美术家协会四川石刻考察团编《大足石刻》，文物出版社，1959 年

图版 138　北山佛湾第 176 号弥勒下生经变相右壁局部
采自四川美术学院雕塑系编《大足石刻》，朝花美术出版社，1962 年

图版139　北山佛湾第176号弥勒下生经变相右壁局部

采自四川美术学院雕塑系编《大足石刻》，朝花美术出版社，1962年

图版140　北山佛湾第176号弥勒下生经变相右壁局部

采自四川美术学院雕塑系编《大足石刻》，朝花美术出版社，1962年

图版 141　北山佛湾第 176 号弥勒下生经变相右壁局部
采自四川美术学院雕塑系编《大足石刻》，朝花美术出版社，1962 年

图版 142　北山佛湾第 176 号弥勒下生经变相左壁局部
采自四川美术学院雕塑系编《大足石刻》，朝花美术出版社，1962 年

图版143　北山佛湾第176号弥勒下生经变相供养人

采自四川美术学院雕塑系编《大足石刻》，朝花美术出版社，1962年

图版144　北山佛湾第177号泗州大圣窟正壁

中国营造学社梁思成、刘敦桢等拍摄于1940年

大足石刻历史图版　　105

图版145　北山佛湾第177号泗州大圣窟正壁

1956年拍摄　采自中国美术家协会四川石刻考察团编《大足石刻》，文物出版社，1959年

图版146　北山佛湾第177号泗州大圣窟志公像
中国营造学社梁思成、刘敦桢等拍摄于1940年

图版 147　北山佛湾第 177 号泗州大圣窟左壁

1956 年拍摄　采自中国美术家协会四川石刻考察团编《大足石刻》，文物出版社，1959 年

图版 148　北山佛湾第 177 号泗州大圣窟志公头像

采自四川美术学院雕塑系编《大足石刻》，朝花美术出版社，1962 年

图版149　北山佛湾第177号泗州大圣窟圣僧像

1956年拍摄　采自中国美术家协会四川石刻考察团编《大足石刻》，文物出版社，1959年

图版150　北山佛湾第180号十三观音变相

1945年拍摄　采自杨家骆《中华民国三十四年大足唐宋石刻六千二百十六躯的发见》，中华学术院中国学术史研究所，1968年

大足石刻历史图版　109

图版 151　1945 年大足石刻考察团在北山佛湾第 180 号十三观音变相前合影

1945 年拍摄　采自《民国重修大足县志》卷首《大足石刻图征初编》，1946 年

图版 152　北山佛湾第 180 号十三观音变相正壁
中国营造学社梁思成、刘敦桢等拍摄于 1940 年

图版 153　北山佛湾第 180 号十三观音变相正壁
中国营造学社梁思成、刘敦桢等拍摄于 1940 年

图版 154　北山佛湾第 180 号十三观音变相左壁局部
刘蕴华拍摄　采自《东方杂志》第 32 卷第 5 号，1935 年 3 月

图版 155　北山佛湾第 180 号十三观音变相左壁局部
中国营造学社梁思成、刘敦桢等拍摄于 1940 年

大足石刻历史图版　113

图版156　北山佛湾第180号十三观音变相左壁局部
中国营造学社梁思成、刘敦桢等拍摄于1940年

图版157　北山佛湾第180号十三观音变相左壁
中国营造学社梁思成、刘敦桢等拍摄于1940年

大足石刻历史图版　115

图版158　北山佛湾第180号十三观音变相左壁局部
采自四川美术学院雕塑系编《大足石刻》，朝花美术出版社，1962年

图版159　北山佛湾第180号十三观音变相左壁局部
采自四川美术学院雕塑系编《大足石刻》，朝花美术出版社，1962年

图版 160　北山佛湾第 180 号十三观音变相石壁
中国营造学社梁思成、刘敦桢等拍摄于 1940 年

图版161　北山佛湾第180号十三观音变相右壁局部

采自四川美术学院雕塑系编《大足石刻》，朝花美术出版社，1962年

图版162　北山佛湾第180号十三观音变相观音头像
采自四川美术学院雕塑系编《大足石刻》，朝花美术出版社，1962年

图版163　北山佛湾第180号十三观音变相观音头像
采自四川美术学院雕塑系编《大足石刻》，朝花美术出版社，1962年

图版 164　北山佛湾第 180 号十三观音变相观音头像
采自四川美术学院雕塑系编《大足石刻》，朝花美术出版社，1962 年

图版 165　北山佛湾第 180 号十三观音变相观音头像
采自四川美术学院雕塑系编《大足石刻》，朝花美术出版社，1962 年

图版166　北山佛湾第187号观音地藏龛右侧壁胁侍菩萨

采自四川美术学院雕塑系编《大足石刻》，朝花美术出版社，1962年

图版167　北山佛湾第213号观音龛

1956年拍摄　采自中国美术家协会四川石刻考察团编《大足石刻》，文物出版社，1959年

图版168　北山佛湾第220号十六罗汉龛局部

采自四川美术学院雕塑系编《大足石刻》，朝花美术出版社，1962年

图版 169　北山佛湾第 224 号观音龛

采自四川美术学院雕塑系编《大足石刻》，朝花美术出版社，1962 年

图版 170　北山佛湾第 225 号净瓶观音龛

采自四川美术学院雕塑系编《大足石刻》，朝花美术出版社，1962 年

图版 171　北山佛湾第 231 号药师佛龛

采自四川美术学院雕塑系编《大足石刻》，朝花美术出版社，1962 年

图版 172　北山佛湾第 240 号欢喜王菩萨龛局部

1956 年拍摄　采自中国美术家协会四川石刻考察团编《大足石刻》，文物出版社，1959 年

图版 173　北山佛湾第 240 号欢喜王菩萨龛局部

采自四川美术学院雕塑系编《大足石刻》，朝花美术出版社，1962 年

图版 174　北山佛湾第 243 号千手观音龛

采自四川美术学院雕塑系编《大足石刻》，朝花美术出版社，1962 年

图版175　北山佛湾第245号观无量寿佛经变相
中国营造学社梁思成、刘敦桢等拍摄于1940年

图版 176　北山佛湾第 245 号观无量寿佛经变相上部
中国营造学社梁思成、刘敦桢等拍摄于 1940 年

图版 177　北山佛湾第 245 号观无量寿佛经变相正壁中上部
1945 年拍摄　采自杨家骆《中华民国三十四年大足唐宋石刻六千二百十六躯的发见》，中华学术院中国学术史研究所，1968 年

图版 178　北山佛湾第 245 号观无量寿佛经变相中上部局部
中国营造学社梁思成、刘敦桢等拍摄于 1940 年

图版 179　北山佛湾第 245 号观无量寿佛经变相阿弥陀佛
中国营造学社梁思成、刘敦桢等拍摄于 1940 年

图版 180　北山佛湾第 245 号观无量寿佛经变相正壁上部
中国营造学社梁思成、刘敦桢等拍摄于 1940 年

图版 181　北山佛湾第 245 号观无量寿佛经变相正壁下部
中国营造学社梁思成、刘敦桢等拍摄于 1940 年

图版182　北山佛湾第245号观无量寿佛经变相正壁上部
中国营造学社梁思成、刘敦桢等拍摄于1940年

图版183 北山佛湾第245号观无量寿佛经变相正壁上部

中国营造学社梁思成、刘敦桢等拍摄于1940年

图版184　北山佛湾第245号观无量寿佛经变相上部局部

中国营造学社梁思成、刘敦桢等拍摄于1940年

图版 185　北山佛湾第 245 号观无量寿佛经变相右侧壁上部

中国营造学社梁思成、刘敦桢等拍摄于 1940 年

图版 186　北山佛湾第 245 号观无量寿佛经变相右侧壁上部

中国营造学社梁思成、刘敦桢等拍摄于 1940 年

图版187　北山佛湾第245号观无量寿佛经变相右侧壁上部

中国营造学社梁思成、刘敦桢等拍摄于1940年

图版 188　北山佛湾第 245 号观无量寿佛经变相正壁中上部局部

中国营造学社梁思成、刘敦桢等拍摄于 1940 年

图版 189　北山佛湾第 245 号观无量寿佛经变相正壁中部局部

中国营造学社梁思成、刘敦桢等拍摄于 1940 年

图版 190　北山佛湾第 245 号观无量寿佛经变相正壁下部局部

中国营造学社梁思成、刘敦桢等拍摄于 1940 年

图版191　北山佛湾第245号观无量寿佛经变相正壁下部
中国营造学社梁思成、刘敦桢等拍摄于1940年

图版192　北山佛湾第245号观无量寿佛经变相正壁下部局部
中国营造学社梁思成、刘敦桢等拍摄于1940年

图版 193　北山佛湾第 245 号观无量寿佛经变相正壁下部局部

中国营造学社梁思成、刘敦桢等拍摄于 1940 年

图版 194　北山佛湾第 245 号观无量寿佛经变相未生怨局部
中国营造学社梁思成、刘敦桢等拍摄于 1940 年

图版 195　北山佛湾第 245 号观无量寿佛经变相未生怨局部
中国营造学社梁思成、刘敦桢等拍摄于 1940 年

图版 196　北山佛湾第 245 号观无量寿佛经变相未生怨局部
中国营造学社梁思成、刘敦桢等拍摄于 1940 年

图版 197　北山佛湾第 245 号观无量寿佛经变相未生怨局部

中国营造学社梁思成、刘敦桢等拍摄于 1940 年

图版 198　北山佛湾第 245 号观无量寿佛经变相未生怨局部

中国营造学社梁思成、刘敦桢等拍摄于 1940 年

图版 199　北山佛湾第 245 号观无量寿佛经变相未生怨局部

中国营造学社梁思成、刘敦桢等拍摄于 1940 年

图版 200　北山佛湾第 245 号观无量寿佛经变相未生怨局部

中国营造学社梁思成、刘敦桢等拍摄于 1940 年

图版 201　北山佛湾第 245 号观无量寿佛经变相正壁中下部局部
采自四川美术学院雕塑系编《大足石刻》，朝花美术出版社，1962 年

图版 202　北山佛湾第 245 号观无量寿佛经变相正壁中下部局部
采自四川美术学院雕塑系编《大足石刻》，朝花美术出版社，1962 年

图版 203　北山佛湾第 245 号观无量寿佛经变相正壁中下部局部
采自四川美术学院雕塑系编《大足石刻》，朝花美术出版社，1962 年

图版 204　北山佛湾第 245 号观无量寿佛经变相十六观和未生怨局部
中国营造学社梁思成、刘敦桢等拍摄于 1940 年

图版 205　北山佛湾第 245 号观无量寿佛经变相十六观局部
中国营造学社梁思成、刘敦桢等拍摄于 1940 年

图版 206　北山佛湾第 245 号观无量寿佛经变相十六观局部
中国营造学社梁思成、刘敦桢等拍摄于 1940 年

图版 207　北山佛湾第 245 号观无量寿佛经变相十六观和未生怨局部
中国营造学社梁思成、刘敦桢等拍摄于 1940 年

图版 208　北山佛湾第 245 号观无量寿佛经变相十六观局部
中国营造学社梁思成、刘敦桢等拍摄于 1940 年

图版 209　北山佛湾第 245 号观无量寿佛经变相十六观之一
采自四川美术学院雕塑系编《大足石刻》，朝花美术出版社，1962 年

图版210　北山佛湾第245号观无量寿佛经变相十六观之一
中国营造学社梁思成、刘敦桢等拍摄于1940年

图版211　北山佛湾第245号观无量寿佛经变相十六观之一
采自四川美术学院雕塑系编《大足石刻》，朝花美术出版社，1962年

图版 212　北山佛湾第 245 号观无量寿佛经变相十六观之一
采自四川美术学院雕塑系编《大足石刻》，朝花美术出版社，1962 年

图版 213　北山佛湾第 245 号观无量寿佛经变相十六观之一
采自四川美术学院雕塑系编《大足石刻》，朝花美术出版社，1962 年

图版 214　北山佛湾第 248 号佛和菩萨像

采自四川美术学院雕塑系编《大足石刻》，朝花美术出版社，1962 年

图版 215　北山佛湾第 249 号观音地藏龛

采自四川美术学院雕塑系编《大足石刻》，朝花美术出版社，1962 年

图版 216　北山佛湾第 271 号经幢龛
中国营造学社梁思成、刘敦桢等拍摄于 1940 年

图版 217　北山佛湾第 273 号千手观音龛
中国营造学社梁思成、刘敦桢等拍摄于 1940 年

图版 218　北山佛湾第 273 号千手观音龛

1956 年拍摄　采自中国美术家协会四川石刻考察团编《大足石刻》，文物出版社，1959 年

大足石刻历史图版　157

图版 219　北山佛湾第 273 号千手观音龛
采自四川美术学院雕塑系编《大足石刻》，朝花美术出版社，1962 年

图版 220　北山佛湾第 273 号千手观音龛侍者

采自四川美术学院雕塑系编《大足石刻》，朝花美术出版社，1962 年

图版 221　北山佛湾第 274 号玉印观音龛

采自四川美术学院雕塑系编《大足石刻》，朝花美术出版社，1962 年

图版 222　北山佛湾第 279 号药师佛经变

中国营造学社梁思成、刘敦桢等拍摄于 1940 年

图版 223　北山佛湾第 279 号药师佛经变

采自四川美术学院雕塑系编《大足石刻》，朝花美术出版社，1962 年

图版 224　北山佛湾第 279 号药师佛经变十二神将
1945 年拍摄　采自杨家骆《中华民国三十四年大足唐宋石刻六千二百十六躯的发见》，中华学术院中国学术史研究所，1968 年

图版 225　北山佛湾第 279 号药师佛经变十二神将局部
采自四川美术学院雕塑系编《大足石刻》，朝花美术出版社，1962 年

图版 226　北山佛湾第 279 号药师佛经变经幢

采自四川美术学院雕塑系编《大足石刻》，朝花美术出版社，1962 年

图版 227　北山佛湾第 281 号药师佛经变

刘蕴华拍摄　采自《东方杂志》第 32 卷第 5 号，1935 年 3 月

图版 228　北山多宝塔

刘蕴华拍摄　采自《东方杂志》第 32 卷第 5 号，1935 年 3 月

图版 229　北山多宝塔

中国营造学社梁思成、刘敦桢等拍摄于 1940 年

图版 230　北山多宝塔
中国营造学社梁思成、刘敦桢等拍摄于 1940 年

图版 231　北山多宝塔
中国营造学社梁思成、刘敦桢等拍摄于 1940 年

图版 232　北山多宝塔

1945 年拍摄　采自杨家骆《中华民国三十四年大足唐宋石刻六千二百十六躯的发见》，中华学术院中国学术史研究所，1968 年

图版 233　北山多宝塔

采自蒋美华《四川大足县石刻》，《文物参考资料》1955 年第 9 期

图版 234　北山多宝塔

采自四川美术学院雕塑系编《大足石刻》，朝花美术出版社，1962 年

图版235 北山多宝塔

采自大足县文物保管所等编《大足石刻》，四川人民出版社，1981年

图版 236　北山多宝塔

采自《大足石窟艺术》，四川人民出版社，1985 年

图版 237 北山多宝塔

20 世纪 80 年代初李代才拍摄　采自李代才《大足石刻精品》，中国摄影出版社，2001 年

图版 238　北山多宝塔

20 世纪 80 年代初李代才拍摄　采自李代才《大足影迹》，天地出版社，2011 年

图版 239　北山多宝塔塔身局部

中国营造学社梁思成、刘敦桢等拍摄于 1940 年

图版 240　北山多宝塔塔身局部
中国营造学社梁思成、刘敦桢等拍摄于 1940 年

图版 241　北山多宝塔塔身局部
中国营造学社梁思成、刘敦桢等拍摄于 1940 年

图版 242　北山多宝塔第 1、2 号窟
中国营造学社梁思成、刘敦桢等拍摄于 1940 年

图版243　北山多宝塔第1、2号窟右壁
中国营造学社梁思成、刘敦桢等拍摄于1940年

图版244　北山多宝塔第1、2号窟左壁
中国营造学社梁思成、刘敦桢等拍摄于1940年

图版 245　北山多宝塔第 3 号龛
采自四川美术学院雕塑系编《大足石刻》，朝花美术出版社，1962 年

图版 246　北山多宝塔第 4 号龛

采自四川美术学院雕塑系编《大足石刻》，朝花美术出版社，1962 年

图版247　北山多宝塔第6号龛

采自四川美术学院雕塑系编《大足石刻》，朝花美术出版社，1962年

图版248　北山多宝塔第7号窟正壁主尊菩萨

采自四川美术学院雕塑系编《大足石刻》，朝花美术出版社，1962年

图版 249　北山多宝塔第 8 号龛

采自四川美术学院雕塑系编《大足石刻》，朝花美术出版社，1962 年

图版 250　北山多宝塔第 8 号龛

采自四川美术学院雕塑系编《大足石刻》，朝花美术出版社，1962 年

图版 251　北山多宝塔第 8 号龛

采自四川美术学院雕塑系编《大足石刻》，朝花美术出版社，1962 年

图版 252　北山多宝塔第 9 号龛

采自四川美术学院雕塑系编《大足石刻》，朝花美术出版社，1962 年

图版 253　北山多宝塔第 9 号龛

采自四川美术学院雕塑系编《大足石刻》，朝花美术出版社，1962 年

图版 254　北山多宝塔第 11 号龛

采自四川美术学院雕塑系编《大足石刻》，朝花美术出版社，1962 年

图版 255　北山多宝塔第 12 号窟
中国营造学社梁思成、刘敦桢等拍摄于 1940 年

图版 256　北山多宝塔第 13 号龛
中国营造学社梁思成、刘敦桢等拍摄于 1940 年

图版257　北山多宝塔第14号龛
中国营造学社梁思成、刘敦桢等拍摄于1940年

图版258　北山多宝塔第15号窟
中国营造学社梁思成、刘敦桢等拍摄于1940年

图版259　北山多宝塔第15号龛正壁水月观音

采自四川美术学院雕塑系编《大足石刻》，朝花美术出版社，1962年

图版260　北山多宝塔第17号龛

采自四川美术学院雕塑系编《大足石刻》，朝花美术出版社，1962年

大足石刻历史图版　185

图版 261　北山多宝塔第 22 号龛
中国营造学社梁思成、刘敦桢等拍摄于 1940 年

图版 262　北山多宝塔第 33 号窟
中国营造学社梁思成、刘敦桢等拍摄于 1940 年

图版263　北山多宝塔第38号龛

采自四川美术学院雕塑系编《大足石刻》，朝花美术出版社，1962年

图版264　北山多宝塔第38号龛

中国营造学社梁思成、刘敦桢等拍摄于1940年

大足石刻历史图版　187

图版 265　北山多宝塔第 50 号窟
中国营造学社梁思成、刘敦桢等拍摄于 1940 年

图版 266　北山多宝塔第 55 号龛
采自四川美术学院雕塑系编《大足石刻》，朝花美术出版社，1962 年

图版 267　北山多宝塔第 58 号龛
中国营造学社梁思成、刘敦桢等拍摄于 1940 年

图版 268　北山多宝塔第 58 号龛
采自四川美术学院雕塑系编《大足石刻》，朝花美术出版社，1962 年

图版269　北山多宝塔第63号龛

采自四川美术学院雕塑系编《大足石刻》，朝花美术出版社，1962年

图版270　北山多宝塔第70号窟

采自四川美术学院雕塑系编《大足石刻》，朝花美术出版社，1962年

图版 271　北山多宝塔第 131 号龛
中国营造学社梁思成、刘敦桢等拍摄于 1940 年

图版 272　北山多宝塔第 1 级塔身东南壁局部
中国营造学社梁思成、刘敦桢等拍摄于 1940 年

图版 273　北山多宝塔第 1 级塔身东南壁局部
中国营造学社梁思成、刘敦桢等拍摄于 1940 年

图版 274　北山北塔坡南面清墓墓塔
中国营造学社梁思成、刘敦桢等拍摄于 1940 年

图版 275　北山北塔坡南面清墓墓塔
中国营造学社梁思成、刘敦桢等拍摄于 1940 年

图版 276　北山报恩寺（北塔寺）山门
中国营造学社梁思成、刘敦桢等拍摄于 1940 年

图版 277　北山报恩寺（北塔寺）局部
中国营造学社梁思成、刘敦桢等拍摄于 1940 年

图版 278　北山报恩寺（北塔寺）局部
中国营造学社梁思成、刘敦桢等拍摄于 1940 年

图版 279　北山报恩寺（北塔寺）
中国营造学社梁思成、刘敦桢等拍摄于 1940 年

图版 280　石篆山第 8 号老君龛
王庆伦拍摄于 20 世纪 90 年代

图版 281　石门山第 7 号独脚五通大帝龛

鲁昌麟拍摄于 1984 年

图版282 石门山第10号三皇洞正壁

20世纪80年代初李代才拍摄 采自李代才《大足石刻精品》,中国摄影出版社,2001年

图版 283　南山第 4 号后土三圣母龛中像

采自四川美术学院雕塑系编《大足石刻》，朝花美术出版社，1962 年

图版 284　南山第 4 号后土三圣母龛左像

采自四川美术学院雕塑系编《大足石刻》，朝花美术出版社，1962 年

图版 285　南山第 4 号后土三圣母龛侍者

采自四川美术学院雕塑系编《大足石刻》，朝花美术出版社，1962 年

图版286　南山第4号后土三圣母龛右壁造像

采自四川美术学院雕塑系编《大足石刻》，朝花美术出版社，1962年

图版 287　南山第 6 号龛造像局部
采自四川美术学院雕塑系编《大足石刻》，朝花美术出版社，1962 年

图版 288　南山第 15 号龙洞
采自蒋美华《四川大足县石刻》，《文物参考资料》1955 年第 9 期

图版 289　南山第 15 号龙洞

采自四川美术学院雕塑系编《大足石刻》，朝花美术出版社，1962 年

图版 290　宝顶山大佛湾局部
中国营造学社梁思成、刘敦桢等拍摄于 1940 年

图版 291　宝顶山大佛湾局部
1940 年拍摄　采自《刘敦桢全集》第三卷《川、康古建筑调查日记》，中国建筑工业出版社，2007 年

图版 292　宝顶山大佛湾局部
中国营造学社梁思成、刘敦桢等拍摄于 1940 年

图版 293　宝顶山大佛湾局部
中国营造学社梁思成、刘敦桢等拍摄于 1940 年

图版 294　宝顶山大佛湾局部
中国营造学社梁思成、刘敦桢等拍摄于 1940 年

图版 295　宝顶山大佛湾局部
中国营造学社梁思成、刘敦桢等拍摄于 1940 年

图版 296　宝顶山大佛湾局部

1940年拍摄　采自《刘敦桢全集》第三卷《川、康古建筑调查日记》，中国建筑工业出版社，2007年

图版 297　宝顶山大佛湾局部

采自蒋美华《四川大足县石刻》，《文物参考资料》1955年第9期

图版 298　宝顶山大佛湾局部
刘荣夫、范文龙拍摄　采自《新观察》1957 年第 11 期

图版 299　宝顶山大佛湾局部

采自四川美术学院雕塑系编《大足石刻》，朝花美术出版社，1962 年

图版 300　宝顶山大佛湾局部
采自四川美术学院雕塑系编《大足石刻》，朝花美术出版社，1962 年

图版 301　宝顶山大佛湾局部
采自白自然编《中国大足石窟》，外文出版社，1985年

图版 302　宝顶山大佛湾原入口

采自白自然编《中国大足石窟》，外文出版社，1985年

图版 303 宝顶山大佛湾
20世纪80年代李代才拍摄 采自李代才《大足石刻精品》，中国摄影出版社，2001年

图版304　宝顶山大佛湾第2号护法神像龛
刘蕴华拍摄　采自《东方杂志》第32卷第5号，1935年3月

图版305　宝顶山大佛湾第2号护法神像龛
1945年拍摄　采自杨家骆《中华民国三十四年大足唐宋石刻六千二百十六躯的发见》，中华学术院中国学术史研究所，1968年

图版 306　宝顶山大佛湾第 2 号护法神像龛局部
采自四川美术学院雕塑系编《大足石刻》，朝花美术出版社，1962 年

图版 307　宝顶山大佛湾第 2 号护法神像龛局部
采自蒋美华《四川大足县石刻》，《文物参考资料》
1955 年第 9 期

大足石刻历史图版　215

图版 308　宝顶山大佛湾第 4 号广大宝楼阁图局部
采自四川美术学院雕塑系编《大足石刻》，朝花美术出版社，1962 年

图版 309　宝顶山大佛湾第 4 号广大宝楼阁图局部
采自四川美术学院雕塑系编《大足石刻》，朝花美术出版社，1962 年

图版 310　宝顶山大佛湾第 5 号华严三圣龛
刘蕴华拍摄　采自《东方杂志》第 32 卷第 5 号，1935 年 3 月

图版 311　宝顶山大佛湾第 5 号华严三圣龛
1945 年拍摄　采自杨家骆《中华民国三十四年大足唐宋石刻六千二百十六躯的发见》，中华学术院中国学术史研究所，1968 年

大足石刻历史图版　217

图版 312　宝顶山大佛湾第 8 号千手观音龛

中国营造学社梁思成、刘敦桢等拍摄于 1940 年

图版 313　宝顶山大佛湾第 8 号千手观音龛

1945 年拍摄　采自杨家骆《中华民国三十四年大足唐宋石刻六千二百十六躯的发见》，中华学术院中国学术史研究所，1968 年

图版 314　宝顶山大佛湾第 8 号千手观音龛

采自四川美术学院雕塑系编《大足石刻》，朝花美术出版社，1962 年

图版315　宝顶山大佛湾第8号千手观音龛

采自大足县文物保管所等编《大足石刻》，四川人民出版社，1981年

图版 316　宝顶山大佛湾第 11 号释迦牟尼涅槃图
中国营造学社梁思成、刘敦桢等拍摄于 1940 年

图版 317　宝顶山大佛湾第 11 号释迦牟尼涅槃图

中国营造学社梁思成、刘敦桢等拍摄于 1940 年

图版 318　宝顶山大佛湾第 11 号释迦牟尼涅槃图局部
中国营造学社梁思成、刘敦桢等拍摄于 1940 年

图版 319　宝顶山大佛湾第 11 号释迦牟尼涅槃图局部
中国营造学社梁思成、刘敦桢等拍摄于 1940 年

图版 320　宝顶山大佛湾第 11 号释迦牟尼涅槃图局部
中国营造学社梁思成、刘敦桢等拍摄于 1940 年

图版 321　宝顶山大佛湾第 11 号释迦牟尼涅槃图局部
中国营造学社梁思成、刘敦桢等拍摄于 1940 年

图版 322　宝顶山大佛湾第 11 号释迦牟尼涅槃图

1945 年拍摄　采自杨家骆《中华民国三十四年大足唐宋石刻六千二百十六躯的发见》，中华学术院中国学术史研究所，1968 年

图版 323　1945 年大足石刻考察团在宝顶山大佛湾第 11 号释迦牟尼涅槃图前合影

采自《民国重修大足县志》卷首《大足石刻图征初编》，1946 年

大足石刻历史图版　227

图版 324　宝顶山大佛湾第 11 号释迦牟尼涅槃图
采自四川美术学院雕塑系编《大足石刻》，朝花美术出版社，1962 年

图版 325　宝顶山大佛湾第 11 号释迦牟尼涅槃图局部

采自四川美术学院雕塑系编《大足石刻》，朝花美术出版社，1962 年

图版 326　宝顶山大佛湾第 11 号释迦牟尼涅槃图弟子

采自四川美术学院雕塑系编《大足石刻》，朝花美术出版社，1962 年

图版 327　宝顶山大佛湾第 11 号释迦牟尼涅槃图弟子

采自四川美术学院雕塑系编《大足石刻》，朝花美术出版社，1962 年

图版 328　宝顶山大佛湾第 11 号释迦牟尼涅槃图眷属
采自四川美术学院雕塑系编《大足石刻》，朝花美术出版社，1962 年

图版 329　宝顶山大佛湾第 11 号释迦牟尼涅槃图眷属
采自四川美术学院雕塑系编《大足石刻》，朝花美术出版社，1962 年

图版330　宝顶山大佛湾第11号释迦牟尼涅槃图眷属

采自四川美术学院雕塑系编《大足石刻》，朝花美术出版社，1962年

图版331　宝顶山大佛湾第12号九龙浴太子图

1945年拍摄　采自杨家骆《中华民国三十四年大足唐宋石刻六千二百十六躯的发见》，中华学术院中国学术史研究所，1968年

图版 332　宝顶山大佛湾第 12 号九龙浴太子图
中国营造学社梁思成、刘敦桢等拍摄于 1940 年

图版 333　宝顶山大佛湾第 13 号孔雀明王经变相

1940 年拍摄　采自梁思成《佛像的历史》，中国青年出版社，2014 年

图版334　宝顶山大佛湾第13号孔雀明王经变相局部

采自四川美术学院雕塑系编《大足石刻》，朝花美术出版社，1962年

图版335　宝顶山大佛湾第13号孔雀明王经变相局部

采自四川美术学院雕塑系编《大足石刻》，朝花美术出版社，1962年

图版 336　宝顶山大佛湾第 14 号毗卢道场天王

采自四川美术学院雕塑系编《大足石刻》，朝花美术出版社，1962 年

图版337　宝顶山大佛湾第14号毗卢道场佛像

采自四川美术学院雕塑系编《大足石刻》，朝花美术出版社，1962年

图版 338　宝顶山大佛湾第 14 号毗卢道场佛头像

采自四川美术学院雕塑系编《大足石刻》，朝花美术出版社，1962 年

图版 339　宝顶山大佛湾第 14 号毗卢道场佛像

采自四川美术学院雕塑系编《大足石刻》，朝花美术出版社，1962 年

图版 340　宝顶山大佛湾第 14 号毗卢道场佛头像

采自《艺苑掇英》第七期，上海人民美术出版社，1980 年

图版 341　宝顶山大佛湾第 15 号报父母恩重经变相局部
1956 年拍摄　采自中国美术家协会四川石刻考察团编《大足石刻》，文物出版社，1959 年

图版 342　宝顶山大佛湾第 15 号报父母恩重经变相局部
1956 年拍摄　采自中国美术家协会四川石刻考察团编《大足石刻》，文物出版社，1959 年

图版 343　宝顶山大佛湾第 15 号报父母恩重经变相推干就湿恩

采自四川美术学院雕塑系编《大足石刻》，朝花美术出版社，1962 年

图版 344　宝顶山大佛湾第 15 号报父母恩重经变相生子忘忧恩

采自四川美术学院雕塑系编《大足石刻》，朝花美术出版社，1962 年

图版 345　宝顶山大佛湾第 15 号报父母恩重经变相远行忆念恩
采自四川美术学院雕塑系编《大足石刻》，朝花美术出版社，1962 年

图版 346　宝顶山大佛湾第 15 号报父母恩重经变相远行忆念恩
采自张嘉齐、范云兴主编《大足石刻》，中国旅游出版社，1993 年

图版 347　宝顶山大佛湾第 16 号雷音图局部
采自四川美术学院雕塑系编《大足石刻》，朝花美术出版社，1962 年

图版 348　宝顶山大佛湾第 16 号雷音图风神

采自四川美术学院雕塑系编《大足石刻》，朝花美术出版社，1962 年

图版 349　宝顶山大佛湾第 16 号雷音图风神

1956 年拍摄　采自中国美术家协会四川石刻考察团编《大足石刻》，文物出版社，1959 年

图版 350　宝顶山大佛湾第 17 号大方便佛报恩经变相佛像

1956 年拍摄　采自中国美术家协会四川石刻考察团编《大足石刻》，文物出版社，1959 年

图版 351　宝顶山大佛湾第 17 号大方便佛报恩经变相局部

1956 年拍摄　采自中国美术家协会四川石刻考察团编《大足石刻》，文物出版社，1959 年

图版 352　宝顶山大佛湾第 17 号大方便佛报恩经变相六师外道图

1956 年拍摄　采自中国美术家协会四川石刻考察团编《大足石刻》，文物出版社，1959 年

大足石刻历史图版　249

图版 353　宝顶山大佛湾第 17 号大方便佛报恩经变相六师外道图局部

1956 年拍摄　采自中国美术家协会四川石刻考察团编《大足石刻》，文物出版社，1959 年

图版 354　宝顶山大佛湾第 17 号大方便佛报恩经变相六师外道图局部

采自四川美术学院雕塑系编《大足石刻》，朝花美术出版社，1962 年

图版355　宝顶山大佛湾第17号大方便佛报恩经变相六师外道图局部
采自四川美术学院雕塑系编《大足石刻》，朝花美术出版社，1962年

图版 356　宝顶山大佛湾第 17 号大方便佛报恩经变相六师外道图局部
采自四川美术学院雕塑系编《大足石刻》，朝花美术出版社，1962 年

图版 357　宝顶山大佛湾第 17 号大方便佛报恩经变相六师外道图吹笛女

1956 年拍摄　采自中国美术家协会四川石刻考察团编《大足石刻》，文物出版社，1959 年

图版 358　宝顶山大佛湾第 17 号大方便佛报恩经变相六师外道图吹笛女

采自四川美术学院雕塑系编《大足石刻》，朝花美术出版社，1962 年

图版 359　宝顶山大佛湾第 17 号大方便佛报恩经变相释迦亲担父王棺图
1956 年拍摄　采自中国美术家协会四川石刻考察团编《大足石刻》，文物出版社，1959 年

图版 360　宝顶山大佛湾第 17 号大方便佛报恩经变相释迦亲担父王棺图
采自四川美术学院雕塑系编《大足石刻》，朝花美术出版社，1962 年

图版 361　宝顶山大佛湾第 17 号大方便佛报恩经变相释迦亲担父王棺图局部
采自四川美术学院雕塑系编《大足石刻》，朝花美术出版社，1962 年

图版 362　宝顶山大佛湾第 17 号大方便佛报恩经变相局部

采自四川美术学院雕塑系编《大足石刻》，朝花美术出版社，1962 年

图版 363　宝顶山大佛湾第 17 号大方便佛报恩经变相局部
采自四川美术学院雕塑系编《大足石刻》，朝花美术出版社，1962 年

图版 364　宝顶山大佛湾第 17 号大方便佛报恩经变相局部
采自四川美术学院雕塑系编《大足石刻》，朝花美术出版社，1962 年

图版365　宝顶山大佛湾第17号大方便佛报恩经变相局部
采自四川美术学院雕塑系编《大足石刻》，朝花美术出版社，1962年

图版366　宝顶山大佛湾第18号观无量寿佛经变相
1945年拍摄　采自杨家骆《中华民国三十四年大足唐宋石刻六千二百十六躯的发见》，中华学术院中国学术史研究所，1968年

图版367　宝顶山大佛湾第18号观无量寿佛经变相
1956年拍摄　采自中国美术家协会四川石刻考察团编《大足石刻》，文物出版社，1959年

图版368　宝顶山大佛湾第18号观无量寿佛经变相局部
采自四川美术学院雕塑系编《大足石刻》，朝花美术出版社，1962年

图版369　宝顶山大佛湾第18号观无量寿佛经变相局部
1956年拍摄　采自中国美术家协会四川石刻考察团编《大足石刻》，文物出版社，1959年

图版370　宝顶山大佛湾第18号观无量寿佛经变相局部
1956年拍摄　采自中国美术家协会四川石刻考察团编《大足石刻》，文物出版社，1959年

图版371　宝顶山大佛湾第18号观无量寿佛经变相局部

1956年拍摄　采自中国美术家协会四川石刻考察团编《大足石刻》，文物出版社，1959年

图版372　宝顶山大佛湾第18号观无量寿佛经变相迦陵频伽

采自四川美术学院雕塑系编《大足石刻》，朝花美术出版社，1962年

图版 373　宝顶山大佛湾第 18 号观无量寿佛经变相菩萨
1956 年拍摄　采自中国美术家协会四川石刻考察团编《大足石刻》，文物出版社，1959 年

图版 374　宝顶山大佛湾第 18 号观无量寿佛经变相童子
1956 年拍摄　采自中国美术家协会四川石刻考察团编《大足石刻》，文物出版社，1959 年

图版375　宝顶山大佛湾第18号观无量寿佛经变相童子
采自四川美术学院雕塑系编《大足石刻》，朝花美术出版社，1962年

图版376　宝顶山大佛湾第18号观无量寿佛经变相局部
1956年拍摄　采自中国美术家协会四川石刻考察团编《大足石刻》，文物出版社，1959年

图版 377　宝顶山大佛湾第 18 号观无量寿佛经变相局部
采自《艺苑掇英》第七期，上海人民美术出版社，1980 年

图版 378　宝顶山大佛湾第 18 号观无量寿佛经变相局部
采自四川美术学院雕塑系编《大足石刻》，朝花美术出版社，1962 年

图版 379　宝顶山大佛湾第 18 号观无量寿佛经变相局部

采自四川美术学院雕塑系编《大足石刻》，朝花美术出版社，1962 年

图版 380　宝顶山大佛湾第 18 号观无量寿佛经变相局部
采自四川美术学院雕塑系编《大足石刻》，朝花美术出版社，1962 年

图版 381　宝顶山大佛湾第 18 号观无量寿佛经变相局部
采自四川美术学院雕塑系编《大足石刻》，朝花美术出版社，1962 年

图版 382　宝顶山大佛湾第 20 号地狱变相地狱场景局部
采自四川美术学院雕塑系编《大足石刻》，朝花美术出版社，1962 年

大足石刻历史图版　269

图版 383　宝顶山大佛湾第 20 号地狱变相地狱场景局部
1945 年拍摄　采自杨家骆《中华民国大足唐宋石刻六千二百十六躯的发见》，中华学术院中国学术史研究所，1968 年

图版 384　宝顶山大佛湾第 20 号地狱变相地狱场景局部
1956 年拍摄　采自中国美术家协会四川石刻考察团编《大足石刻》，文物出版社，1959 年

图版 385　宝顶山大佛湾第 20 号地狱变相刀山地狱局部

1956 年拍摄　采自中国美术家协会四川石刻考察团编《大足石刻》，文物出版社，1959 年

图版 386　宝顶山大佛湾第 20 号地狱变相油锅地狱局部

1956 年拍摄　采自中国美术家协会四川石刻考察团编《大足石刻》，文物出版社，1959 年

图版 387　宝顶山大佛湾第 20 号地狱变相油锅地狱局部
1956 年拍摄　采自中国美术家协会四川石刻考察团编《大足石刻》，文物出版社，1959 年

图版 388　宝顶山大佛湾第 20 号地狱变相毒蛇地狱局部
1956 年拍摄　采自中国美术家协会四川石刻考察团编《大足石刻》，文物出版社，1959 年

图版 389　宝顶山大佛湾第 20 号地狱变相饿鬼地狱局部
1956 年拍摄　采自中国美术家协会四川石刻考察团编《大足石刻》，文物出版社，1959 年

图版 390　宝顶山大佛湾第 20 号地狱变相锯解地狱局部
1956 年拍摄　采自中国美术家协会四川石刻考察团编《大足石刻》，文物出版社，1959 年

大足石刻历史图版　273

图版 391　宝顶山大佛湾第 20 号地狱变相寒冰地狱局部
1956 年拍摄　采自中国美术家协会四川石刻考察团编《大足石刻》，文物出版社，1959 年

图版 392　宝顶山大佛湾第 20 号地狱变相寒冰地狱局部
1956 年拍摄　采自中国美术家协会四川石刻考察团编《大足石刻》，文物出版社，1959 年

图版 393 宝顶山大佛湾第 20 号地狱变相寒冰地狱局部

采自四川美术学院雕塑系编《大足石刻》，朝花美术出版社，1962 年

图版 394　宝顶山大佛湾第 20 号地狱变相寒冰地狱局部
采自四川美术学院雕塑系编《大足石刻》，朝花美术出版社，1962 年

图版 395　宝顶山大佛湾第 20 号地狱变相铁床地狱局部
采自四川美术学院雕塑系编《大足石刻》，朝花美术出版社，1962 年

图版 396　宝顶山大佛湾第 20 号地狱变相铁床地狱局部
采自四川美术学院雕塑系编《大足石刻》，朝花美术出版社，1962 年

图版 397　宝顶山大佛湾第 20 号地狱变相铁床地狱局部
1956 年拍摄　采自中国美术家协会四川石刻考察团编《大足石刻》，文物出版社，1959 年

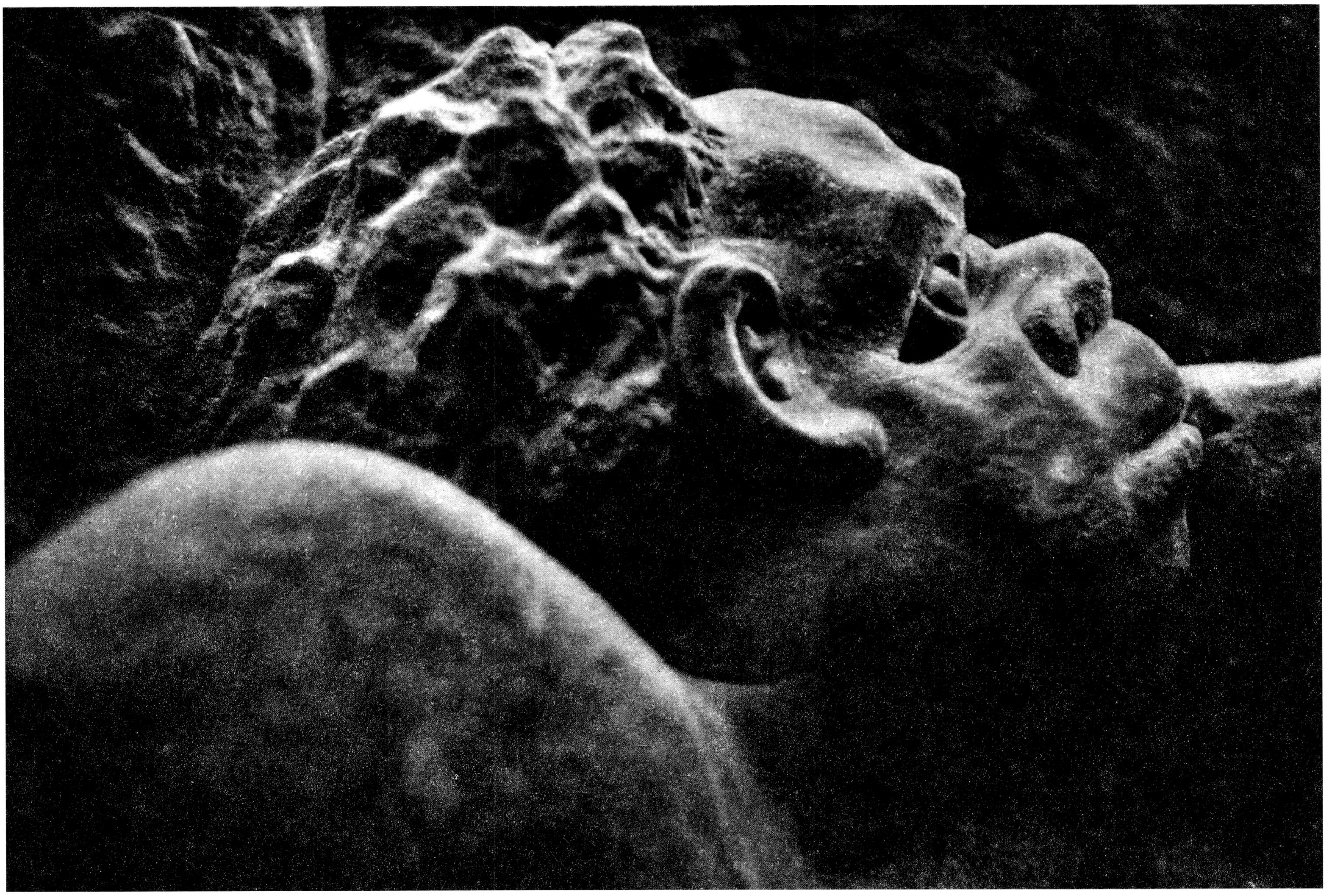

图版 398　宝顶山大佛湾第 20 号地狱变相铁床地狱局部

采自四川美术学院雕塑系编《大足石刻》，朝花美术出版社，1962 年

图版 399　宝顶山大佛湾第 20 号地狱变相剉碓地狱局部
采自四川美术学院雕塑系编《大足石刻》，朝花美术出版社，1962 年

图版 400　宝顶山大佛湾第 20 号地狱变相剉碓地狱局部
1956 年拍摄　采自中国美术家协会四川石刻考察团编《大足石刻》，文物出版社，1959 年

图版 401　宝顶山大佛湾第 20 号地狱变相黑暗地狱局部
采自四川美术学院雕塑系编《大足石刻》，朝花美术出版社，1962 年

图版 402　宝顶山大佛湾第 20 号地狱变相黑暗地狱局部
采自四川美术学院雕塑系编《大足石刻》，朝花美术出版社，1962 年

图版 403　宝顶山大佛湾第 20 号地狱变相截膝地狱局部

1945 年拍摄　采自杨家骆《中华民国大足唐宋石刻六千二百十六躯的发见》，中华学术院中国学术史研究所，1968 年

图版 404　宝顶山大佛湾第 20 号地狱变相截膝地狱

刘荣夫拍摄　采自《美术》1957 年 6 月号

图版 405　宝顶山大佛湾第 20 号地狱变相截膝地狱局部

1956 年拍摄　采自中国美术家协会四川石刻考察团编《大足石刻》，文物出版社，1959 年

图版 406　宝顶山大佛湾第 20 号地狱变相截膝地狱

采自白自然编《中国大足石窟》，外文出版社，1985 年

大足石刻历史图版　283

图版407　宝顶山大佛湾第20号地狱变相截膝地狱局部

1956年拍摄　采自中国美术家协会四川石刻考察团编《大足石刻》，文物出版社，1959年

图版408　宝顶山大佛湾第20号地狱变相截膝地狱局部

1956年拍摄　采自中国美术家协会四川石刻考察团编《大足石刻》，文物出版社，1959年

图版 409　宝顶山大佛湾第 20 号地狱变相截膝地狱局部
1956 年拍摄　采自中国美术家协会四川石刻考察团编《大足石刻》，文物出版社，1959 年

图版 410　宝顶山大佛湾第 20 号地狱变相截膝地狱局部
1956 年拍摄　采自中国美术家协会四川石刻考察团编《大足石刻》，文物出版社，1959 年

图版 411　宝顶山大佛湾第 20 号地狱变相截膝地狱局部
采自四川美术学院雕塑系编《大足石刻》，朝花美术出版社，1962 年

图版 412　宝顶山大佛湾第 20 号地狱变相截膝地狱局部
采自四川美术学院雕塑系编《大足石刻》，朝花美术出版社，1962 年

图版 413　宝顶山大佛湾第 20 号地狱变相截膝地狱局部
采自四川美术学院雕塑系编《大足石刻》，朝花美术出版社，1962 年

图版 414　宝顶山大佛湾第 20 号地狱变相截膝地狱局部
采自四川美术学院雕塑系编《大足石刻》，朝花美术出版社，1962 年

图版 415　宝顶山大佛湾第 20 号地狱变相截膝地狱局部
采自四川美术学院雕塑系编《大足石刻》，朝花美术出版社，1962 年

图版 416　宝顶山大佛湾第 20 号地狱变相截膝地狱局部
采自四川美术学院雕塑系编《大足石刻》，朝花美术出版社，1962 年

图版 417　宝顶山大佛湾第 20 号地狱变相截膝地狱局部
采自四川美术学院雕塑系编《大足石刻》，朝花美术出版社，1962 年

图版 418　宝顶山大佛湾第 20 号地狱变相截膝地狱局部
采自白自然编《中国大足石窟》，外文出版社，1985 年

图版 419　宝顶山大佛湾第 20 号地狱变相截膝地狱局部
采自四川美术学院雕塑系编《大足石刻》，朝花美术出版社，1962 年

图版 420　宝顶山大佛湾第 20 号地狱变相截膝地狱局部
采自四川美术学院雕塑系编《大足石刻》，朝花美术出版社，1962 年

图版 421　宝顶山大佛湾第 20 号地狱变相截膝地狱局部

采自四川美术学院雕塑系编《大足石刻》，朝花美术出版社，1962 年

图版 422　宝顶山大佛湾第 20 号地狱变相截膝地狱局部

采自白自然编《中国大足石窟》，外文出版社，1985 年

大足石刻历史图版　291

图版 423　宝顶山大佛湾第 20 号地狱变相刀船地狱养鸡女头像

1956 年拍摄　采自中国美术家协会四川石刻考察团编《大足石刻》，文物出版社，1959 年

图版 424　宝顶山大佛湾第 20 号地狱变相刀船地狱养鸡女头像

1956 年拍摄　采自中国美术家协会四川石刻考察团编《大足石刻》，文物出版社，1959 年

图版 425　宝顶山大佛湾第 20 号地狱变相刀船地狱养鸡女

采自四川美术学院雕塑系编《大足石刻》，朝花美术出版社，1962 年

图版 426　宝顶山大佛湾第 20 号地狱变相刀船地狱养鸡女

采自四川美术学院雕塑系编《大足石刻》，朝花美术出版社，1962 年

图版 427　宝顶山大佛湾第 20 号地狱变相刀船地狱养鸡女头像

采自四川美术学院雕塑系编《大足石刻》，朝花美术出版社，1962 年

图版 428　宝顶山大佛湾第 20 号地狱变相局部

1945 年拍摄　采自杨家骆《中华民国大足唐宋石刻六千二百十六躯的发见》，中华学术院中国学术史研究所，1968 年

大足石刻历史图版　295

图版 429　宝顶山大佛湾第 20 号地狱变相局部

采自四川美术学院雕塑系编《大足石刻》，朝花美术出版社，1962 年

图版 430　宝顶山大佛湾第 20 号地狱变相龛粪秽地狱局部

采自四川美术学院雕塑系编《大足石刻》，朝花美术出版社，1962 年

图版 431　宝顶山大佛湾第 21 号柳本尊行化图
刘蕴华拍摄　采自《东方杂志》第 32 卷第 5 号，1935 年 3 月

图版 432　宝顶山大佛湾第 21 号柳本尊行化图
1945 年拍摄　采自杨家骆《中华民国三十四年大足唐宋石刻六千二百十六躯的发现》，中华学术院中国学术史研究所，1968 年

图版 433　宝顶山大佛湾第 21 号柳本尊行化图局部

中国营造学社梁思成、刘敦桢等拍摄于 1940 年

图版 434　宝顶山大佛湾第 21 号柳本尊行化图

1956 年拍摄　采自中国美术家协会四川石刻考察团编《大足石刻》，文物出版社，1959 年

图版 435　宝顶山大佛湾第 21 号柳本尊行化图
采自四川美术学院雕塑系编《大足石刻》，朝花美术出版社，1962 年

图版 436　宝顶山大佛湾第 21 号柳本尊行化图局部
采自四川美术学院雕塑系编《大足石刻》，朝花美术出版社，1962 年

图版 437　宝顶山大佛湾第 22 号十大明王局部
1945 年拍摄　采自杨家骆《中华民国三十四年大足唐宋石刻六千二百十六躯的发见》，中华学术院中国学术史研究所，1968 年

图版 438　宝顶山大佛湾第 22 号十大明王局部
1956 年拍摄　采自中国美术家协会四川石刻考察团编《大足石刻》，文物出版社，1959 年

图版 439　宝顶山大佛湾第 22 号十大明王局部
1956 年拍摄　采自中国美术家协会四川石刻考察团编《大足石刻》，文物出版社，1959 年

图版 440　宝顶山大佛湾第 22 号十大明王局部
1956 年拍摄　采自中国美术家协会四川石刻考察团编《大足石刻》，文物出版社，1959 年

图版 441　宝顶山大佛湾第 22 号十大明王局部
1956 年拍摄　采自中国美术家协会四川石刻考察团编《大足石刻》，文物出版社，1959 年

图版 442　宝顶山大佛湾第 22 号十大明王局部
采自四川美术学院雕塑系编《大足石刻》，朝花美术出版社，1962 年

图版 443　宝顶山大佛湾第 22 号十大明王局部
1956 年拍摄　采自中国美术家协会四川石刻考察团编《大足石刻》，文物出版社，
1959 年

图版 444　宝顶山大佛湾第 22 号十大明王局部

采自四川美术学院雕塑系编《大足石刻》，朝花美术出版社，1962 年

图版 445　宝顶山大佛湾第 22 号十大明王局部

1956 年拍摄　采自中国美术家协会四川石刻考察团编《大足石刻》，文物出版社，1959 年

大足石刻历史图版　305

图版 446　宝顶山大佛湾第 29 号圆觉洞

1945 年拍摄　采自杨家骆《中华民国三十四年大足唐宋石刻六千二百十六躯的发现》，中华学术院中国学术史研究所，1968 年

图版 447　宝顶山大佛湾第 29 号圆觉洞
采自王仲博《大足石刻参礼》,《旅行杂志》1946 年 7 月号第 20 卷第 7 期

图版 448　宝顶山大佛湾第 29 号圆觉洞跪地菩萨
采自四川美术学院雕塑系编《大足石刻》,朝花美术出版社,1962 年

图版449　宝顶山大佛湾第29号圆觉洞侍者

采自四川美术学院雕塑系编《大足石刻》，朝花美术出版社，1962年

图版450　宝顶山大佛湾第29号圆觉洞局部

1956年拍摄　采自中国美术家协会四川石刻考察团编《大足石刻》，文物出版社，1959年

图版451　宝顶山大佛湾第29号圆觉洞菩萨
1956年拍摄　采自中国美术家协会四川石刻考察团编《大足石刻》，
文物出版社，1959年

图版452　宝顶山大佛湾第29号圆觉洞局部
采自四川美术学院雕塑系编《大足石刻》，朝花美术出版社，1962年

大足石刻历史图版　309

图版 453　宝顶山大佛湾第 29 号圆觉洞菩萨

采自四川美术学院雕塑系编《大足石刻》，朝花美术出版社，1962 年

图版 454　宝顶山大佛湾第 29 号圆觉洞菩萨头像

采自四川美术学院雕塑系编《大足石刻》，朝花美术出版社，1962 年

图版 455　宝顶山大佛湾第 29 号圆觉洞菩萨

采自蒋美华《四川大足县石刻》，《文物参考资料》1955 年第 9 期

图版 456　宝顶山大佛湾第 29 号圆觉洞菩萨
采自四川美术学院雕塑系编《大足石刻》，朝花美术出版社，1962 年

图版 457　宝顶山大佛湾第 29 号圆觉洞持钵人
采自四川美术学院雕塑系编《大足石刻》，朝花美术出版社，1962 年

图版 458　宝顶山大佛湾第 30 号牧牛图局部
采自四川美术学院雕塑系编《大足石刻》，朝花美术出版社，1962 年

图版 459　宝顶山大佛湾第 30 号牧牛图局部
刘蕴华拍摄　采自《东方杂志》第 32 卷第 5 号，1935 年 3 月

图版 460　宝顶山大佛湾第 30 号牧牛图局部

1945 年拍摄　采自杨家骆《中华民国三十四年大足唐宋石刻六千二百十六躯的发见》，中华学术院中国学术史研究所，1968 年

图版 461　宝顶山大佛湾第 30 号牧牛图局部

1956 年拍摄　采自中国美术家协会四川石刻考察团编《大足石刻》，文物出版社，1959 年

图版 462　宝顶山大佛湾第 30 号牧牛图局部
采自四川美术学院雕塑系编《大足石刻》，朝花美术出版社，1962 年

图版 463　宝顶山大佛湾第 30 号牧牛图局部
刘荣夫、范文龙拍摄　采自《大足石刻艺术》，《新观察》1957 年第 11 期

图版 464　宝顶山大佛湾第 30 号牧牛图局部
1956 年拍摄　采自中国美术家协会四川石刻考察团编《大足石刻》，文物出版社，1959 年

图版 465　宝顶山大佛湾第 30 号牧牛图局部
采自四川美术学院雕塑系编《大足石刻》，朝花美术出版社，1962 年

图版 466　宝顶山大佛湾第 30 号牧牛图局部
1956 年拍摄　采自中国美术家协会四川石刻考察团编《大足石刻》，文物出版社，1959 年

图版 467　宝顶山大佛湾第 30 号牧牛图局部
采自四川美术学院雕塑系编《大足石刻》，朝花美术出版社，1962 年

图版 468　宝顶山大佛湾第 30 号牧牛图局部
采自蒋美华《四川大足县石刻》,《文物参考资料》1955 年第 9 期

图版 469　宝顶山大佛湾第 30 号牧牛图局部
1956 年拍摄　采自中国美术家协会四川石刻考察团编《大足石刻》,文物出版社,1959 年

图版 470　宝顶山大佛湾第 30 号牧牛图局部
采自四川美术学院雕塑系编《大足石刻》，朝花美术出版社，1962 年

图版 471　宝顶山大佛湾第 30 号牧牛图局部
1956 年拍摄　采自中国美术家协会四川石刻考察团编
《大足石刻》，文物出版社，1959 年

图版 472　宝顶山大佛湾第 30 号牧牛图局部
1956 年拍摄　采自中国美术家协会四川石刻考察团编《大足石刻》，文物出版社，1959 年

图版 473　宝顶山大佛湾第 30 号牧牛图局部
1956 年拍摄　采自中国美术家协会四川石刻考察团编《大足石刻》，文物出版社，1959 年

图版 474　宝顶山大佛湾第 30 号牧牛图局部
1956 年拍摄　采自中国美术家协会四川石刻考察团编《大足石刻》，
文物出版社，1959 年

图版 475　宝顶山大佛湾第 30 号牧牛图局部

1956 年拍摄　采自中国美术家协会四川石刻考察团编《大足石刻》，文物出版社，1959 年

图版 476　宝顶山大佛湾第 30 号牧牛图局部

刘荣夫拍摄　采自《美术》1957 年 6 月号

图版 477　宝顶山大佛湾第 30 号牧牛图局部
1956 年拍摄　采自中国美术家协会四川石刻考察团编《大足石刻》，文物出版社，1959 年

图版 478　宝顶山大佛湾第 30 号牧牛图局部
采自四川美术学院雕塑系编《大足石刻》，朝花美术出版社，1962 年

图版 479　宝顶山大佛湾第 30 号牧牛图局部
1956 年拍摄　采自中国美术家协会四川石刻考察团编《大足石刻》，文物出版社，1959 年

图版 480　宝顶山大佛湾第 30 号牧牛图局部
采自四川美术学院雕塑系编《大足石刻》，朝花美术出版社，1962 年

图版 481　宝顶山大佛湾第 31 号栗咕婆子龛
采自四川美术学院雕塑系编《大足石刻》，朝花美术出版社，1962 年

图版 482　宝顶山小佛湾第 1 号经目塔

1945 年拍摄　采自《民国重修大足县志》卷首《大足石刻图征初编》，
1946 年

图版 483　宝顶山小佛湾第 1 号经目塔局部

中国营造学社梁思成、刘致桢等拍摄于 1940 年

图版 484　宝顶山小佛湾第 9 号毗卢庵左外壁局部

1945 年拍摄　采自杨家骆《中华民国三十四年大足唐宋石刻六千二百十六躯的发见》，中华学术院中国学术史研究所，1968 年

图版 485　宝顶山小佛湾香炉

姜道谷摄于 20 世纪 90 年代初

图版 486　宝顶山转法轮塔

1945 年拍摄　采自杨家骆《中华民国三十四年大足唐宋石刻六千二百十六躯的发见》，中华学术院中国学术史研究所，1968 年

图版 487　宝顶山转法轮塔

采自四川美术学院雕塑系编《大足石刻》，朝花美术出版社，1962年

图版 488　宝顶山转法轮塔第一层菩萨

采自四川美术学院雕塑系编《大足石刻》，朝花美术出版社，1962年

图版 489　宝顶山转法轮塔第一层菩萨

采自四川美术学院雕塑系编《大足石刻》，朝花美术出版社，1962年

图版 490　宝顶山转法轮塔第二层佛像

采自四川美术学院雕塑系编《大足石刻》，朝花美术出版社，1962年

图版 491　宝顶山转法轮塔第二层佛像
采自四川美术学院雕塑系编《大足石刻》，朝花美术出版社，1962 年

图版 492　宝顶山释迦真如舍利宝塔

采自四川美术学院雕塑系编《大足石刻》，朝花美术出版社，1962 年

图版 493　宝顶山释迦真如舍利宝塔局部

采自四川美术学院雕塑系编《大足石刻》，朝花美术出版社，1962年

图版 494　宝顶山释迦真如舍利宝塔

鲁昌麟拍摄于 1984 年

图版 495　宝顶山高观音

20世纪90年代初拍摄　采自重庆大足石刻艺术博物馆编《大足石刻》，重庆出版社，1994年

图版 496　宝顶山圣寿寺维摩顶

1945年拍摄　采自杨家骆《中华民国三十四年大足唐宋石刻六千二百十六躯的发见》，中华学术院中国学术史研究所，1968年

图版 497　宝顶山圣寿寺山门

采自四川人民出版社编《大足石窟艺术》，四川人民出版社，1985年

图版 498　宝顶山圣寿寺局部

李代才拍摄于20世纪80年代　采自李代才《大足石刻精品》，中国摄影出版社，2001年

大足石刻历史图版　335

图版 499　宝顶山圣寿寺山门前

采自大足县文物保管所等编《大足石刻》，四川人民出版社，1981 年

图版 500　宝顶山圣迹池

采自白自然《中国大足石窟》，外文出版社，1985 年

图版 501　宝顶山圣迹池佛足印

姜道谷拍摄于 20 世纪 80 年代

图版 502　宝顶山万岁楼前

李代才拍摄于 1977 年　采自李代才《大足影迹》，天地出版社，2011 年

图书在版编目（CIP）数据

大足石刻历史图版 / 黎方银主编；大足石刻研究院编 . 一重庆：重庆出版社，2018.8

（大足石刻全集 . 第十卷）

ISBN 978-7-229-12686-5

Ⅰ. ①大… Ⅱ. ①黎… ②大… Ⅲ. ①大足石窟－史料－图集

Ⅳ. ① K879.272

中国版本图书馆 CIP 数据核字 (2017) 第 228227 号

大足石刻历史图版
DAZU SHIKE LISHI TUBAN

黎方银 主编　　　大足石刻研究院 编

总策划：郭　宜　黎方银
责任编辑：郭　宜　张　跃　吴越剑
美术编辑：郭　宜　张　跃　吴越剑
责任校对：朱彦谚
装帧设计：胡靳一　郑文武
排　　版：冉　潇　黄　淦

重庆出版集团
重庆出版社　出版

重庆市南岸区南滨路162号1幢　邮政编码：400061　http://www.cqph.com
重庆新金雅迪艺术印刷有限公司印制
重庆出版集团图书发行有限公司发行
E-MAIL:fxchu@cqph.com　邮购电话：023-61520646
全国新华书店经销

开本：889mm×1194mm　1/8　印张：45.5
2018年8月第1版　2018年8月第1次印刷
ISBN 978-7-229-12686-5
定价：1600.00元

如有印装质量问题，请向本集团图书发行有限公司调换：023-61520678

版权所有　侵权必究